感動競馬場

本当にあった馬いい話

村上卓史

イースト・プレス

感動競馬場　本当にあった馬いい話　目次

Episode

1

淀に響いた日本一の歌声

キタサンブラック×北島三郎

秋、京都競馬場に名曲『まつり』の歌声が鳴り響く。

その歌声の主は演歌界の大御所・北島三郎《きたじまさぶろう》さん。

『まつり』はもちろん、『与作』『函館の女』など数々のヒット曲を出し、史上最多50回の紅白出場を誇る、言わずと知れた日本を代表する歌手。

「サブちゃん」「オヤジ」の愛称で多くの人に愛されている国民的スターだが、実は競馬の世界においても日本屈指の大馬主として知られる。

馬主になって実に50年以上、これまでに関わった愛馬は150頭以上。

だが、その長い馬主歴の中ですべてのホースマンの目標であるGⅠ制覇には長年縁がなかった。

それは、北島オーナーの競馬愛ゆえの結果だった。

先輩歌手の春日八郎《かすがはちろう》さんが馬主だったことがきっかけで、競馬サークルの一員になった北島三郎さん。

スターらしい強いヒキで初めての愛馬リュウがいきなり新馬戦に勝利。

その後も〝仕事のご褒美〟にもう1頭いればいいな、というつもりが、気が付けば何十頭ものオーナーに。

しかし、この馬主生活が仕事の励みになったという。

「そういう生き甲斐があったおかげで、この道（芸能界）を長く歩いて来られたのかなと。次また1頭ほしいな、と思った時に歌の仕事を頑張って、また馬を買おうじゃないかと」

北島さんがいかに馬好きなのかを垣間見られるエピソードがある。

最初の愛馬リュウが引退して5年後、当時人気だったご対面番組に出演したところ、乗馬クラブにいたリュウがスタジオに登場。

嬉しい再会に目が潤む中、司会者のいわれるまま、愛馬の傍らで『函館の女』を涙ながらに熱唱したという。

その後も多くの愛馬たちをターフに送り出してきた北島オーナーだが、夢のＧⅠには幾度となく挑戦するも制覇は叶わなかった。

これは北島さんの馬主としてのポリシーに起因する。

大レースを勝つ馬の多くは高額で取引される大牧場の良血馬。

それらを購入することも可能なのにも関わらず、付き合いのある北海道の中小牧場の生産馬を購入している。

これは「日高の中小牧場の人たちとともに夢をみたい」という強い想いからだ。ブランドショップで高級品を買うことをあえて避け、町の商店にお金を落とすことで、競馬社会全体の活性化に貢献する。

北海道の中小の生産者にとってはまさに救世主だが、これも北島オーナーの歩んできた道がなせる業だろう。

「自分は歌手という夢を追いかけて北海道から出てきて、いろんな人との出会いがあって夢を実現させてもらった。今度は自分が一生懸命、皆さんに夢を売っていくのが仕事だと」

そんな義理人情を大事にするオーナーライフのさなか、一頭の馬と運命的な出会いを果たす。

キタサンブラックと北島オーナーとの最初の出会いは牧場だった。

Dr.コパ氏の愛馬コパノリッキー、コパノチャーリーなど多くのＧＩ馬を輩出する日高の老舗ヤナガワ牧場に立ち寄った北島オーナーは一頭の若駒に惹かれた。脚が長く、ちょっとヒョロっとした雰囲気の馬だったが、表情の良さが印象に残った。

その場で即決しなかったものの、何か惹かれるもの感じ、車内から電話をかけて「買うよ！」と決断した。

それから2年、彼はGⅠ菊花賞の有力馬の一頭として、京都競馬場にいた。

北島オーナーが初めて見た頃のひ弱さは全くなく、500キロを超える大型の競走馬にまで成長していた。

そして、若駒の時から変わらぬ理知的な表情でスタートを待っていた。

レースではこれまでと全く違い、いち早く先頭に立ち、集団を引っ張った。

そして、誰よりも早くゴールに飛び込み、半世紀以上の悲願であったGⅠ勝利を北島オーナーにプレゼントした。

「ありがとうございます！　泣きました。涙が出ました」

壇上に上がった北島オーナーは喜びを爆発させた。

「公約したんでね。歌うよ！」

かくして、日本競馬史上で初めて、ウィナーズサークルで名曲『まつり』がこだました。

観客の手拍子の中、「♪これが競馬のまつりだよ」とアドリブもふまえた特別版『まつり』がＴＶを通じて日本中に流れた。

「日本一のレースのあと、日本一の歌声を聞かせていただきました」と実況アナウンサーも絶賛した、これまでにない優勝インタビュー。

華やかなセレモニーの主役であった北島オーナーだったが決して、浮かれているわけではなかった。

自分という存在を通じ、より多くの人々に知ってもらい、競馬の地位向上につなげよう、という想いのパフォーマンスであった。

「日高の産地にいくと、小さな牧場でも、なんとかいい馬を育てようと一生懸命に頑張っている皆さんが大勢いますよね。自分だけでなく、生産している皆さんの希望というか、夢みたいなものが、このキタサンブラックのおかげで出たかな、なんて思いますね」

優勝後の対談で北島オーナーはこう断言している。

芸能界で夢を成し遂げた男が、競馬の世界で夢を与える。

この美しき輪廻が続く限り、競馬の魅力が色あせることはないだろう。

Episode

2

騎馬隊を見守る一人の女性の夢

トウショウシロッコ×上坂由香

外国から赴任してきた海外大使が派遣元の元首から預かってきた信任状を天皇陛下へ捧呈する儀式・信任状捧呈式。

この時、移動に馬車が使われるが、警護役として隊列を組むのが警視庁騎馬隊の馬たち。

その中に颯駿《そうしゅん》という名の馬がいる。

現在、隊の一員として、交通安全教育や学童交通整理、各種パレードなど様々な活動を行っている彼は、かつては競馬場で活躍した競走馬だった。

しかし、ケガで引退を余儀なくされ、第二の馬生はまったく未定だった。

彼の運命を大きく変えたのは、ひとりの女性ファンとの運命的な出会いだった。

彼の競走馬時代の名前はトウショウシロッコ。

2003年、名門トウショウ牧場に生まれ、皐月賞や菊花賞といったGIレースにも出走したエリートホース。

そんな彼の走りを見て、競馬の世界に興味を持ったのが、のちに引退後のシロッコをサポートすることになる上坂由香《うえさかゆか》さん。

2007年、札幌在住の主婦であった彼女はススキノで買い物中、雨宿りのために近くの場外馬券場にたまたま立ち寄った。

その時、紫のメンコ（馬用のマスク）をつけたトウショウシロッコがライバルの馬と激しく競り合い、先頭でゴールする姿がモニターに映しだされていた。

そのシーンに彼女は思わず引きこまれた。

初めて観る競馬のレースだったが、その美しき闘いに心を奪われたのだ。

それをきっかけにまったく知らなかった馬の世界に興味を持ち、競馬と乗馬を始め、馬と深くかかわるようになる。

シロッコが脚のケガのため故郷へ里帰りしたという情報を知るや、札幌から遠く離れたトウショウ牧場まで車を飛ばして、お見舞いに行った。

馬房で何か寂しそうに小窓を見ているシロッコの姿を見て「元気づけたい」と思った彼女はこう話しかけた。

「大丈夫、このケガは必ず治るよ。もし走れなくなったら、私が迎えにくるから。それまでがんばってね」

大好きな馬を前に思わず口から出た、本人さえも不思議に感じた約束の言葉。

サラブレッドを所有することは、経済的にかなりの負担を強いられる。

現役の競走馬の場合、賞金や出走手当が入ってくるため、プラスになることもあるが、一円も賞金が入ってこない引退馬を引き受けるとなると、容易なことではない。

競馬ファンとなり、乗馬もたしなむようになった上坂さんにとっても、馬を持つことは未知の世界。

しかし、ここから二人の縁はまるで導かれているかのようにつながっていく。

２０１０年秋、脚の調子が戻らず、引退が決まったトウショウシロッコを上坂さんが正式に引き受けることとなった。

急な話だったため、上坂さんが予定していた乗馬クラブに空き馬房はなく、新たな受け入れ先を探している時、想定外のうれしいオファーが届いた。

「騎馬隊が新しい馬を探している。シロッコはどうだろうか？」

ひとめぼれした彼を乗用馬として自分の手元に置き、彼の背中を感じながら、ともに風を感じる。

それが上坂さんの夢だった。

同時に、7年間ひたすら走り続けて3億円以上稼いだ功労馬シロッコに何か勲章をあげたい……という気持ちも芽生えていた。

社会の役に立つセカンドキャリアとして騎馬隊は最高クラスの仕事場。

しかも、原則として欠員があった場合のみの募集。

この機を逃すと、再びチャンスが来るとは限らない。

上坂さんは運命を感じ、シロッコに栄誉ある警視庁騎馬隊の試験を受けさせることを決意した。

群馬県内の牧場に移動し、馬体チェック、気性、乗り味などの試験を受けたのち、合格。

晴れてトウショウシロッコは騎馬隊への入隊が決まった。

騎馬隊への移籍の直前、上坂さんは一度だけトウショウシロッコにまたがった。

ひとめぼれした相手との初めての乗馬。

2人はともに何かを確かめるようにゆっくりと馬場を回ったという。

その後、警視庁騎馬隊所属となった彼は公募により、「颯駿《そうしゅん》」という名で新たな馬生を送ることに。

意味は「風を切り、颯爽と走る馬」からの連想。

かつてはコースを全力で駆けていたシロッコだが、現在は銀座での交通パレードや皇居内の警備などで大活躍。

騎馬隊のエースとして他の同僚たちを引っ張る立場だという。

すっかり第二の馬生を過ごしているシロッコだが、上坂さんはいまも一年に一度、北海道から上京して騎馬隊を訪れ、愛しき彼との再会を果たしている。

そして、いまはこう語りかけている。

「騎馬隊でのお務めが終わったら、北海道に帰ろう。そして、一緒に余生を楽しもう」

騎馬隊の退任後、上坂さんは再びシロッコを引き取る約束をしている。

地元の乗馬クラブで静かに楽しくともに過ごす日を指折り数えて待っている。

毎年、会うたびに元気すぎるシロッコをみると、まだまだ自分の手元に戻ってこないという寂しさと、第一線で働いていることへの誇らしさが交錯し、微妙な気持ちになるという。

活躍はしてほしい、でも、自分の近くにもいてほしい。

このうれしい悩みはもうしばらく続きそうだ。

競走馬として生を受け、騎馬隊に入り、老後は乗馬の道へ。

セカンドキャリアどころかサードキャリアまで決まっているトウショウシロッコは本当に幸せ者だ。

通り雨がつないだ、人と馬の絆。

勇気と愛があれば、夢は実現する。

Episode 3

福山競馬　最後の勝ち馬

ビーボタンダッシュ×藤田菜七子

２０１６年、競馬界でもっともホットな存在といえば藤田菜七子《ふじたななこ》騎手だろう。

16年ぶりに誕生したＪＲＡ女性騎手。

愛らしいルックスながら、しっかり馬を追い、人気以上の着順になることもたびたび。

着実に勝利を重ね、海外のレースにも招待されている。

そんな彼女が競馬学校で苦楽をともにした馬がいる。

その馬の名はビーボタンダッシュ。

騎手のタマゴの模擬レースに訓練馬として出走し、人馬一体となる、いわば〝物言わぬ競馬の先生〟。

気の荒い馬が多いと言われる白っぽい毛色の芦毛馬としては驚くほどおとなしい彼だが、競馬学校に入校するまでは波乱万丈な日々の連続だった。

良血馬が売買されるセレクトセールというセリで2千万円という高額で落札されたものの、ＪＲＡでは1勝を挙げたのみ。

その後、ホッカイドウ競馬へ移籍するも、ここでも1勝しか挙げられなかった。

そのため、ホッカイドウ競馬のシーズンオフ後も走ることが決まり、出稼ぎの場として福山競馬が選ばれた。

当時、日本一小さい競馬場といわれていた福山競馬場。

人間社会でいえば、バリバリの一流企業の幹部候補生が僻地の地方支社に左遷されるようなもの。

しかも、馬運車への積み込みが数日後に迫っているタイミングで、想定外のニュースが飛び込んできた。

福山競馬の廃止が決定したというのだ。

もし移ったとしても残された開催期間は半年弱。

そもそもレースが無事に行われるのか、見当がつかない。

そんな不安の中、ビーボタンダッシュは当初の予定通り、福山へ出発した。

それは長い歴史を誇る競馬場の終焉を少しでも盛り上げたいという関係者の想いだった。

ビーボタンダッシュは大きな使命の元、福山の地に立った。

各地で大きな結果を出せなかったビーボタンダッシュだったが、ここ福山のコースの水があったのか、一気に覚醒する。

初戦で2着以下を4馬身ちぎる圧勝劇を披露。

その勢いのまま、地元の人気レース・福山大賞典に挑戦して2着と善戦。

一躍、福山のトップホースへの仲間入りを果たす。

芦毛ということもあり、気が付けば地元の新聞に〝白い稲妻〟とキャッチをつけられるほどに。

廃止直前に移籍してきた外様だったが、その鋭い走りで地元ファンに愛される存在になっていた。

迎えた２０１３年3月24日、63年の歴史を誇る福山競馬の開催最終日。

歴史ある競馬場最後の日の風景を目に焼き付けようと日本全国から多くのファンが訪れた。

小さなスタンドは観客であふれ、かつての賑わいが最後の最後に戻ってきた。

そんな雰囲気の中、最終レースとして行われる重賞ファイナルグランプリにビーボタンダッシュは出走。

ファン投票で選ばれた十頭のうちの一頭として最後の栄冠を競った。

もう流れることのない福山競馬のファンファーレが流れ、ゲートが開く。

地元のトップジョッキー三村展久《みむらのぶひさ》騎手に導かれ、二度とサラブレッドが走ることのない福山のダートコースを駆けていく。

最終コーナーを2番手で回った。

そして、直線で前を行く逃げ馬をとらえると、大歓声の中、1馬身差でゴール。

8歳という超ベテランにしての重賞初制覇。

しかも、それが福山競馬63年、最後の勝ち馬という記念すべき勝利。

この地で管理していた小嶺英喜《こみねひでき》調教師は廃止に伴い、この一戦で引退が決まっていた。

「最後のレースを勝てたことで福山競馬の歴史に名を残すことができました。調教師冥利に尽きる勝利。ビーボタンダッシュに感謝しています」

JRAで1勝馬、北海道でも中堅クラス。

丈夫で気の良さだけが取り柄だった芦毛が馬周りの人々に夢を与え、日本の競馬史にその名を刻んだ。

この活躍と、おとなしい性格が買われたビーボタンダッシュは翌年、ＪＲＡの競馬学校で生徒たちのための訓練馬となる。

多くの競走馬が5、6歳で引退を余儀なくされる中、新天地で、しかも最先端の施設を誇る競馬学校で暮らせることとなったのだ。

奇しくもこの年の競馬学校は3年生に16年ぶりの女性ジョッキー藤田菜七子さんがいる世代が在籍していたこともあり、生徒たちに注目が集まっていた。

そんな話題の世代が騎乗する訓練馬としてビーボタンダッシュは日々、走り続けた。

騎手のタマゴたちに騎乗技術を教える重要な役割。

しかも、その舞台は競馬学校のコースだけではなかった。

２０１５年の秋、青空の下、ビーボタンダッシュは東京競馬場にいた。

競馬学校の生徒たちによる模擬レースに出走するためだ。

かつて夢破れたＪＲＡの競馬場への凱旋。

福山にまで転々と流れた馬が模擬レースとはいえ、日本一の競馬場に帰ってきたのだ。

ここでは菊澤一樹《きくざわかずき》さんが騎乗し、藤田菜七子さんの騎乗するライバル馬と、しのぎを削った。

その後も競馬学校内の練習で生徒たちの先生役として、日々、走り続けている。

ベテランになるまで、競走馬として大きな実績はなかった。

だが、廃止直前の競馬場に行き、その最後のレースを先頭で駆け抜けたことで運命が開けた。

名馬やジョッキーの活躍に目がむきがちだが、それを支える訓練馬にも一頭一頭の物語がある。

だから競馬は面白いのだ。

Episode

4

誰もいない表彰台

タマモクロス×錦野昌章

華やかなＧＩレースの表彰式。

多くの観客から祝福される中、騎手、調教師、馬主、担当厩務員、そして、生産者が表彰台に上がる。

まさに一生に一度の晴れ舞台。

しかし、ＧＩを3勝もしていながら、ただ一度たりとも生産者が表彰台に上がったことのない馬がいる。

１９８８年、空前の競馬ブームを巻き起こしたオグリキャップ最大のライバルとして知られる名馬、タマモクロス。

新冠《にいかっぷ》の錦野牧場で生まれたこの芦毛馬は牧場長である錦野昌章《にしきのまさあき》氏が熟考を重ねた理想の配合だった。

当然、牧場の未来を担う存在として大きな期待をされたが、その目論見とは裏腹に、周囲からは高い評価を得ることができなかった。

父シービークロスはその鋭い末脚から〝白い稲妻〟と呼ばれるほどの人気馬だったが、ＧＩレースは未勝利。

トップホースが何百万円もの種付け料をとる中、10万円程度のマイナー種牡馬に過ぎなかった。

タマモクロス自身も体質的に弱いといわれがちな白っぽい芦毛のうえにヒョロっとした体型。

錦野氏は将来性を見込み、大きな期待を寄せていたが、周りの評価が変わることはなかった。

何人かの馬主と交渉したものの、希望額では話はまとまらず、結局、５００万円程度の値段で手放すことに。

この売り上げで牧場を再建しようと目論んでいた錦野氏は窮地に立たされる。

いい馬を作るために惜しみなく投資していたこともあり、その借入金は中小牧場にとっては危険水域までに膨らんでいた。

それでも錦野氏は希望を捨てなかった。

タマモクロスの生産者賞を担保として期待したのだ。

当時、ＪＲＡは優勝馬の生産牧場に対して、本賞金の5％を生産者賞として用意していた。

タマモクロスは間違いなく、いくつもの大レースを勝つトップホースになる。

優勝すれば、まとまった金が入ってくる。

錦野氏の言葉を信じ、デビューまでは債権者たちも追い込むことはなかった。

ところが、タマモクロスはデビュー戦から連敗。

3戦目のダート未勝利戦でようやく勝ち上がるが、その1着賞金は420万円。

生産者賞は20万円程度に過ぎない。

しかも、その後も5戦連続で未勝利。

デビューから半年経っても1勝しかできなかった。

その成績に伴い、債権者たちの動きも慌ただしくなる。

錦野氏の願いもむなしく、錦野牧場は再建の夢を果たすことなく倒産を迎える。

強い信念と夢を追ったホースマンがまたひとり現実の厳しさに敗れ、競馬の世界から去っていった。

生まれ故郷を失ったタマモクロス。

もちろん、彼にそんな感傷などあるはずがない。
ところが、まるで錦野牧場の非情な運命を知ったかのように、大きな変貌を遂げる。

8戦1勝という頭打ちの成績の中、気分転換を兼ねて芝のレースを走らせると、2着以下に7馬身もの差をつける大勝。

次のレースでも8馬身差という圧勝劇を演じ、まるで別の馬のような強さを続けざまに見せつけた。

牧場の倒産に呼応するかのように、初挑戦の重賞制覇も成し遂げ、一気に8連勝という破竹の勢いに。

その勝利の中に3つのGⅠが含まれるという完璧な成績。

とりわけ名勝負と呼ばれたのが、80年代の競馬ブームの中心となった芦毛の怪物オグリキャップと死闘を演じた1988年秋の天皇賞。

倒産した牧場で生まれたタマモクロスと、地方競馬から中央に殴り込んできたオグリキャップという、それぞれ運命を背負った芦毛馬の対決に日本中が沸いた。

レースは多くのファンの予想を超える、意外な展開となった。

いつもは中団に控えることの多いタマモクロスが2番手につけたのだ。

これは鞍上の南井克己《みないかつみ》騎手の判断だった。

オグリキャップに一度だけ騎乗していた彼はライバルの尋常ならざる強さを肌で知っていた。

直線勝負ではきわどくなるとみて、早めに前に出る作戦を選んだのだ。

対するオグリキャップはいつものように中団から前をうかがう。

迎えた直線。

オグリキャップの末脚《すえあし》が爆発し、前を行くタマモクロスに猛然と迫る。

ふたつの白い馬体が抜け出す。

しかし、その差は思いのほか縮まらない。

そのまま1馬身1／4差でタマモクロスが優勝。

中央に移籍以来、重賞7連勝と快進撃を続けたオグリキャップを破り、伝説の芦毛対決を制した。

その2週間後、タマモクロスのひとつ下の妹ミヤマポピーがGⅠエリザベス女王杯で優勝。

彼女もまた錦野氏が配合した馬だった。

タマモクロス、ミヤマポピーがGⅠを制したことで、彼の理論が最強の配合であることが証明された。

倒産後、決して表舞台には出てこなかった錦野氏だが、愛馬の活躍をどこかで見ていたに違いない。

うれしくもあり、悲しくもある、この事実をどんな思いで見ていたのだろうか？

今、競馬を支えているファンの多くはこの頃に芦毛馬二頭の対決に魅せられ、今なお愛し続けている世代だ。

その後、タマモクロスは種牡馬となり、多くの重賞ウイナーを輩出した。

故郷を失い、恩人を失ったタマモクロスだが、残した功績は計り知れない。

血統のロマンに賭けた男は志半ばで競馬界を去らざるを得なかった。

しかし、彼の意志を継いだタマモクロスは自らの能力の高さを証明し、空前の競馬ブームを巻き起こした。
錦野昌章氏の信念は正しかった。
その想いはしっかりと競馬史に刻まれている。

Episode 5

騎手を守った奇跡の絆

シゲルスダチ×後藤浩輝

２０１２年５月６日、東京競馬場で人々は信じられない光景を目にする。

３歳世代のマイル（１６００メートル）路線のナンバーワンを決める頂上決戦、ＮＨＫマイルカップ。

波乱は最後の直線で起こった。

注目を集めたのは、７番人気という低評価ながら前走を快勝し、栄えあるＧⅠに駒を進めた、シゲルスダチ。

オーナーである森中蕃《もりなかしげる》氏は毎年、愛馬に冠名の「シゲル」と、年ごとのテーマを組み合わせて命名する。

この年のテーマは果物で、同期にはシゲルポンカン、シゲルアケビなどユニークな馬名が並ぶ。

そんなメンバーの中でも出世頭のシゲルスダチは、鞍上に関東リーディングにも輝いたことのある人気ジョッキー後藤浩輝《ごとうひろき》騎手を迎え、この大レースに挑んでいた。

１番人気の馬が逃げ、ライバルたちがそれを追う展開の中、シゲルスダチはやや後方から。

このコンビで快勝した前走と同じように、直線で速い脚を活かす作戦だった。

マイル戦はわずか90秒の戦い。

最終コーナーを回った各馬がラストスパートをかける。

後藤騎手も鞍上からゴーサインを出す。

ここで一気にスピードアップして、前を行く馬を抜こうとしたのだが……その瞬間、思わぬ事態が勃発した。

シゲルスダチと先行する馬が接触し、転倒してしまったのだ。

鞍上の後藤騎手も体を強く打ちつけ、その場からなかなか動けない。

このような形で転倒した場合、通常ならば馬はパニック状態になり、コースを逃げ惑うことが多い。

その結果、柵などに体をぶつけ、そこで大ケガをしてしまうことも。

そんな最悪のシナリオになっても仕方がない状況の中、シゲルスダチは転倒直後にスクッと立ち上がると、まるで後藤騎手の無事を確認するかのように、彼の周りを静かに歩き始めた。

サラブレットの本能に従えば、群れであるレース集団に戻ろうと、走り出すはず。ところが、シゲルスダチは後藤騎手が動き始めるまで、静かにその場に佇んでいた。

その日東京競馬場にいた多くの人々が目にしたのは映画のワンシーンのような瞬間だった。

そして、後藤騎手が体を動かすと、無事を確認したかのように静かに去っていった。

命に別条はなかったものの、後藤騎手はその後、ケガに悩まされる。

半年後に一瞬復帰を果たしたが、直後に再び落馬し、休養生活へ。

結局、後藤騎手がターフに戻ってきたのは2013年の10月。

落馬事故があったNHKマイルカップの日から実に1年5か月という長い年月が経っていた。

復帰後の後藤騎手はブランクをものともせず、地方競馬のGIを制覇するなど、健在ぶりをアピール。

そして、ついに待望の日がやってきた。

２０１３年11月16日の奥多摩ステークスというレースでシゲルスダチへの騎乗が決定。

アクシデントを乗り越え、名コンビが復活した。

しかも、舞台は因縁の東京競馬場。

多くのファンがこのツーショットを見ようと府中に集まった。

復活に向け、後藤騎手が最初に練習でまたがった馬もシゲルスダチだった。

ともに傷つき、ともに苦しみを乗り越えた同志との晴れ舞台。

歴戦の勇者後藤騎手も興奮を隠しきれなかった。

「1年半ぶりに競馬場で再会したシゲルスダチと走りました。もう、うれしいのと感動で涙が出そうになりましたね」

後藤騎手はこの日のことをFacebookにこう綴っている。

「マイルカップで走りきれなかった残りの４００メートルを一生懸命二人で走りきることができて、やっとあの日から止まった時間を動かすことができた気がします」

結果は9着だったが、後藤騎手もシゲルスダチもファンもこの復活劇を心から喜んだ。

復活した名手と確実に力をつけつつある実力馬。

今後、黄金コンビとして活躍が期待されるはずだったが、翌年春、後藤騎手が再び落馬のため、長期休養へ。

コンビによる完全復活はまたもや持ち越しとなった。

2014年11月9日、二人が復活を果たしたレースである奥多摩ステークスにシゲルスダチは再び出走を果たした。

鞍上にいるべき後藤騎手は2週間後に決まった復帰を前に、ラジオ番組にゲスト出演し、実況席から愛しき相棒を見守っていた。

ところがゴール直前でバランスを崩し、よろめいた。

鞍上の騎手は無事だったが、シゲルスダチは前脚骨折だった。

「ゴール前、彼の脚から『バキッ』という音が聞こえそうなくらいバランスを崩し、スピードダウン。一瞬でただごとではない故障だとはわかりました」

そう語る後藤騎手は次のレースでシゲルスダチとコンビを組むことが内定していた。

その夢が果たせなくなったことを悔いた。

「もう一度、彼と走りたかったです……」

そんな想いを抱えながら、心優しき相棒をこう称えた。

「彼は最後まで偉かった。脚がブラブラになっても、『もう二度とひっくり返らないぞ、ジョッキーを落とさないぞ』と必死で最後まで走りぬいてくれました。本当に強い馬でした」

全力で走るサラブレッドとそれを操る騎手たちが、いかに命をかけた戦いを日々しているのか。

シゲルスダチはそれを我々に教えてくれた。

二度のアクシデントに遭遇しながら、二人の騎手を最悪の事態から守った。

大きなレースをなにひとつ勝っていないシゲルスダチだが、この物語は、これからも語り継がれていくに違いない。

Episode

6

はだしのシンデレラが踊った樫の舞踏会

イソノルーブル×松永幹夫

グリム童話の傑作『シンデレラ』。

舞踏会で零時の鐘が鳴った時、焦ってガラスの靴を落としたシンデレラを王子様が探し出して幸せになる……という誰もが知る不朽の名作。

夢のようなストーリーだが、競馬の世界ではまさにこの物語さながらの競走生活を送った牝馬がいる。

競馬ファンに〝はだしのシンデレラ〟という愛称で今なお愛される名牝、イソノルーブル。

シンデレラは家庭では恵まれない境遇だったが、イソノルーブルもまたエリート街道とはほど遠い存在だった。

日高地方の奥座敷・浦河で能登《のと》武徳《たけのり》氏が営む家族経営の小牧場で生まれた彼女は５００万円というリーズナブルな価格でせり落とされる。

しかも、〝抽選馬〟と呼ばれる日蔭の存在。

これは当時ＪＲＡが行っていた、将来性を感じさせる若駒をセリで買い、希望する馬主さんに一律価格で提供するというシステムの対象だった。

ＪＲＡの育成施設で鍛えられることで実績を残す馬もいたのだが、〝一律価格〟で〝抽選〟で提供されることから、他の馬よりも格下にみられる傾向があった。

このあたりもシンデレラと同じ境遇を感じさせる。

ただ、決定的に違うことがひとつあった。

それは彼女が激しい気性の持ち主だったこと。

時には馬房で立ちあがって壁を登ろうとしたこともあったという。

王子様に見初められたシンデレラも、天にも昇る気持ちにはなっただろうが、さすがにそんな行動はしなかったはずだ。

出自も地味、〝抽選馬〟という肩書も地味、そんなイソノルーブルだったが、育成場では同期の中で抜きんでた動きをみせ、スタッフから注目される一頭となっていた。

その期待は現実のものとなる。

抽選の結果、磯野俊雄《いそのとしお》オーナーの愛馬となった彼女はデビュー戦を快勝するや、そのまま一気に５連勝。

同世代の快速牝馬ナンバーワンを決める戦い、GⅠ桜花賞への出走を決めたのだ。女王を決める、この〝桜の舞踏会〟にはシンデレラ物語さながらに良家のお嬢様たちが集まっていた。

天馬と言われた父を持つ名門牧場の子女、華麗なる一族の令嬢、男勝りのおてんば姫……この中で〝抽選馬〟はあまりにも地味な存在だった。

ところが舞踏会の観客ともいうべき競馬ファンたちはイソノルーブルを1番人気に押し上げた。

管理する清水《しみず》久雄《ひさお》調教師も彼女の強さを信じていた。

「フットワークのバランスもいいし、走り方にバネがある。奥の深い馬だよ。無事に行けさえすれば、桜花賞もオークスもいいレースができるでしょう」

あとは、舞踏会で一番目立つ先頭でのゴールを目指すのみ。

ところがスタート直前でまさかのアクシデントがイソノルーブルを襲った。

右前脚の落鉄。

陸上選手でいえば、片方のスパイクが脱げた状態。

シンデレラはガラスの靴が脱げたことで王子様と再会する機会を得たが、イソノルーブルは踊る前に靴を失った。

しかも大観衆に興奮したのか、気の悪いところみせて、蹄鉄を打ち替えさせてくれない。

そのため、彼女は右前脚がはだしのまま走ることとなった。

結果は5着。

初めての敗戦。

終わってみれば、靴を落として幸せになったシンデレラとは全く逆の、靴を落として幸せをつかみ損ねる結末となってしまった。

「アクシデントで、本来の駆けっぷりではなかった。悔いが残る結果となって残念です」

前走から手綱を取り、ともにGI勝利を目指していた鞍上の松永幹夫《まつながみきお》騎手の言葉は関係者すべての想いだった。

だからこそ、希望はあった。

その無念は女性版ダービーこと、GⅠオークスに向けられた。

この世代の牝馬にとって桜花賞と並ぶ春の二大タイトル。

ただし、桜花賞が1600メートルとスピード自慢を決める戦いであるのに対して、一気に800メートル以上も伸びるため、スタミナも求められる。

イソノルーブルにとっても未知なる距離。

さらに試練は続く。

オークスの枠順が発表され、なんと大外20番枠となってしまった。

真っ先に先頭に立ち、逃げ切り勝ちを得意とするイソノルーブルにとっては不利なスタート位置。

これに前走の敗戦イメージも加わり、桜花賞では断然の1番人気だったにも関わらず、オークスでは4番人気に落ちていた。

大観衆が見つめる中、ゲートが開いた。

イソノルーブルは外枠から徐々に前を伺い、1コーナー付近で先頭に立つ。

人気を落としてノーマークなのか、せりかけてくる馬はいない。

マイペースで走ることができ、絶好のレース展開になった。

直線に入って、後ろから有力馬が詰めてくるが、イソノルーブルにも余力がある。最後の最後に桜花賞馬が迫ってきたが、ハナ差でしのいだ。

桜の舞踏会では涙を飲んだが、樫の舞踏会で頂点に立ったのだ。

「桜花賞の落鉄があったから勝てたんだと思います」

エスコートした松永騎手が勝因を振り返る。

「桜花賞で、イソノルーブルは馬場に出たら手が付けられないほどの気性の激しい馬だというイメージができた。だからオークスで逃げても、他の騎手たちは『どうせ引っかかって自滅する』とみていたんでしょう。そうしたイメージのおかげで楽なペースで逃げることができたんだと思うんです」

涙にくれた桜の舞踏会での出来事が今度はプラスに働いた。

童話とはちょっとストーリーが違ってしまったが、競馬界のシンデレラも靴を落としたことで、最終的には幸せをつかむことができたのだった。

鞍上の松永幹夫騎手も初めてのＧⅠ勝利。

しかも、そのルックスから元祖イケメンジョッキーと呼ばれた貴公子。
まさに王子様にふさわしい男。
こうして、二人はＧＩ勝利という幸せをともにつかみましたとさ。
めでたし！　めでたし！

Episode

7

日本に希望を届けた青い目のサムライ

ヴィクトワールピサ×ミルコ・デムーロ

2011年3月11日、東日本大震災。

未曽有の天災が日本を襲う中、前年のGI有馬記念を制覇したヴィクトワールピサは8000キロ離れたドバイの地にいた。ドバイで行われる世界最高額レースとして知られるGIドバイワールドカップに出走するため、2日前に日本を発っていたのだ。

異国の地で大災害を聞いた厩舎スタッフは不安を抱えつつも、母国への思いを行動で示した。

震災から4日後、それぞれ所属が異なるライバルであるにも関わらず、日本馬のスタッフは日本の国旗と「HOPE」と描かれた揃いのポロシャツを着用して、調教や厩舎作業に臨んだ。

震災直後はこのタイミングで出走させることを悩んでいた角居《すみい》勝彦《かつひこ》調教師も遠く離れた日本に向けて希望を届けたいという気持ちでこのポロシャツ姿で現れた。

「馬を使うことによって人を勇気づけられることができると思って、ドバイに来ている。日本に希望と頑張る勇気を与えることになればいい。日本の皆さんの思いをぜひ形にしたい」

大きな試練に直面したことで、ドバイの地でチーム日本がひとつになったが、現実は厳しい。

ドバイワールドカップは世界最高レベルのレース。

優勝賞金600万ドルを目指し、世界中から選りすぐられた強豪が参戦してくる。

さらに主催するドバイの王族シェイク殿下の愛馬たちもこれまで何度となく、このホームの地で優勝している。

過去15年にわたり、何度となく挑戦してきた日本馬だが、国内では最強を誇る18頭の優駿たちがことごとく敗れている。

さらにヴィクトワールピサ自身、約半年前のフランス遠征で期待を裏切ったこともあり、レース前の評判もさほど高くはなかった。

人気馬三頭の後に続く、4番手グループという位置づけ。

そんな中、今回、主戦を務めるイタリア人騎手ミルコ・デムーロ騎手は相棒の強さを信じていた。

「大変なことになっている日本の皆さんにいいニュースを届けたい」

1999年の冬から短期免許で毎年のように日本で乗り続けているミルコ騎手にとって、今回の大震災は第二の故郷での惨事。

すべての関係者が日本にいい知らせを届けたい、という気持ちで満ちていた。

迎えた3月26日。

世界中のホースマンが注目するドバイ国際競走デーが開幕した。

いくつものGⅠレースが行われたのち、フィナーレを飾るメインレースとして、ドバイワールドカップの時が訪れた。

世界各地から十四頭の猛者が集まる中、日本勢もGⅠ5勝の女傑ブエナビスタ、GⅠ2勝のダート王トランセンド、そして、ヴィクトワールピサの三頭が参戦。

例年以上の高いレベルのメンバーが集まった。

ゲートが空くと、トランセンドが先頭に立つ。

ヴィクトワールピサはやや出遅れ、後ろから勝負するブエナビスタとともに後方待機する形に。

海外レースでは前に行く馬が好成績を残すことが多い。後ろを走る二頭の姿に8000キロ離れたところからレースを見守る多くの日本人ファンは思わず目を覆ったに違いない。

鞍上のミルコ騎手によると、ゲートの間隔が日本よりも狭かったため、頭をぶつけたことが出遅れにつながったという。

だが、そのアクシデントにひるむことはなかった。

途中まで後方でグッと我慢していたヴィクトワールピサが向こう正面の直線で一気にポジションを前に上げてきたのだ。

あっという間にトランセンドのすぐ後ろの2番手に。

ペースが遅いと踏んだミルコ騎手ならではの判断だった。

「内心ハラハラドキドキでした」

国内外で数多くの大レースを制してきた角居調教師でさえ心配した〝ミルコペース〟。

これが奇跡の扉をこじ開ける走りとなった。

最後の直線でヴィクトワールピサが先頭に立つ。
負けじとトランセンドが粘る、これまで数々の名馬が沈んだ直線でまるで励まし
あうかのように先頭争いを繰り広げる二頭。
「あと100メートルだ！　がんばれニッポン！」
実況アナウンサーもこれから起こる奇跡を確信し、絶叫する。
「日本ワンツー！　ヴィクトワールピサが日本に勇気と希望を与える勝利！　立ち
直れニッポン！　がんばれニッポン！」
夢にまでみた栄光の瞬間。
未曽有の大災害に打ちひしがれていた母国に、日本馬ワンツー勝利という最高の
結果がもたらされた。
ドバイのメイダン競馬場は興奮と歓喜に包まれた。
「暗い感じになっている日本を元気づけられる勝利だと思う。運よく私の管理する
馬が勝つことができ、本当にうれしい。先頭に立つのが早かったので、残ってほし
いと絶叫しながら応援していた」

百戦錬磨の理論派トレーナーの角居師をして抑えきれぬほどの想いの詰まった勝利。

それ以上に喜びを爆発させていたのは鞍上のミルコ騎手だった。

勝利を確信した瞬間、涙あふれるまま、十字を切り、こぶしを突き上げた。

その思いは途切れることなく、レース後のインタビューも涙ながらの会見に。

「朝から日本人のために頑張ろうと祈っていました。ドバイワールドカップを勝てるなんて信じられません。ありがとう。日本を愛しています！　ありがとう！」

この悲願の勝利に、もちろん、日本中が沸き立った。

翌日の新聞やＴＶでも大きく扱われ、暗いニュース続きだった日本にひと筋の光明が灯った。

時間とともに様々な明るいニュースが日本を元気づけたが、もっとも早く世界から勇気をもらったのが、このヴィクトワールピサの勝利だったことは間違いない。

一頭の馬がもたらした朗報が世界を巡り、日本を照らした。

〝ＨＯＰＥ＝希望〟は現実となる。

ヴィクトワールピサとミルコ騎手がそのことを実証してくれた。

Episode

8

震災を乗り越えて つかんだ栄光

トーセンラー×藤原英昭

２０１３年11月、前人未踏のＧＩ１００勝を達成した生けるレジェンド武豊《たけゆたか》騎手。

当然、優勝の瞬間、偉大なるメモリアル勝利に日本中の注目が集まったが、それに負けぬほど、ともにゴールを駆け抜けた一頭のサラブレッドが話題になった。

トーセンラー。

あの大震災の時、彼は東北の地にいた。

２０１１年３月11日。

文字通り、日本中に激震を巻き起こした東日本大震災。

未曽有の天災が街と人を襲った。

宮城県にある山元トレーニングセンターも例外ではなかった。

海沿いにある、この大牧場にいた馬たちも被災し、その未来が大きく変わった。

その中にダービー有力候補と言われたトーセンラーはいた。

東北出身の大馬主・島川隆哉《しまかわたかや》オーナーの愛馬で、太陽神を意味する「ラー」という名前をつけられた期待の一頭。

被災する1か月前、ダービーの前哨戦に快勝したこともあり、リフレッシュ放牧を兼ねて、この地に来ていた。

そして、悪夢のような現実はいきなり訪れた。

震度6強の激しい揺れ。

大地がうねり、高台にある牧場のすぐ近くにまで波が押し寄せた。

幸い津波は免れたものの、ライフラインが寸断され、電気供給も緊急用のみ。

余震が続く中、何が起こったかわからないサラブレッドたちにはただただ恐怖の時間でしかなかった。

特に繊細なトーセンラーはかなり恐れ、おののいていたという。

このような緊急事態の中でも、馬優先主義のホースマンたちの判断は早かった。

競馬を再開させるためには馬が無事でなければ何も始まらない。

自分たちの安否も顧みず、山元トレセンのスタッフは可能な限り、被害の少ない牧場や業者に頭を下げ、牧場内から馬を移動させた。

トーセンラーも震災から3日後に茨城県の美浦村にある牧場にまで戻ってきた。

ＪＲＡの広大な施設がある村とはいえ、被災地からは遠くなく、余震も続く。

そんな中、滋賀県にある栗東トレーニングセンターから迎えが来た。

東北はもちろん、関東までの移動さえままならない状況の中、藤原《ふじわら》英昭《ひであき》調教師は管理馬たちが少しでも安全な場所にいられるよう、関東からの避難を進めていた。

学生時代、馬術部で活躍した名手として、常に馬と寄り添っていた藤原師らしい判断だった。

厩舎スタッフもまた馬術部出身者が多かったため、なによりも馬の安否を優先して迅速に動いた。

そのおかげでトーセンラーは比較的早く、自分の馬房がある栗東トレセンに戻ることができた。

それでも交通網が分断され、45時間という長い輸送時間を強いられたことと、震災による精神的な負担は、トーセンラーの体力を奪っていた。

結局、その年に目標としていた3歳馬だけが出られる皐月賞、ダービーという伝統のＧⅠレースでは7着、11着という着順に敗れ、一生に一度の栄冠を手にすることはできなかった。

この時に二冠を達成したのが、のちに日本中にその名をとどろかせる名馬オルフェーヴル。

震災で競馬場やスケジュールが変わった中でも史上七頭しかいない三冠馬という偉業を達成した同期の怪物にラーは敗れた。

その後も、結果が出せない走りが続く。

震災前は4戦2勝3着2回という安定した戦績を残していたが、震災からしばらくは勝利から遠ざかった。

しかし震災から2年後、かつてデビュー戦でラーを勝利に導いてくれた武豊騎手を鞍上に迎えると、成績が好転する。

GⅡ京都記念で12戦ぶりに勝利を挙げると、そこからは3戦連続で掲示板に乗るという安定した走りを見せ、名門・藤原厩舎の主力として、徐々に頭角を現していった。

そして2013年秋、武豊騎手のGI100勝まであとひとつというタイミングで、マイルチャンピオンシップというGⅠを走ることとなった。

レース中、いつもより後方にいたラーだったが、最後の直線で前に行く馬たちをゴボウ抜き。

終わってみれば、自ら初めてのGⅠ制覇を達成するとともに、名手・武豊騎手のGⅠ100勝目のパートナーとなった。

「直線でも凄い伸びを見せてくれましたし、直線半ばで勝利を確信しました。今回でGⅠ100勝という記録ですが、騎手としてひとつひとつ積み重ねてきたものなので素直に嬉しく思います」

常に未来をみつめる天才は静かに、それでも率直に記念すべきGⅠ100勝目を喜んだ。

何よりもこの優勝を喜んだのは管理する藤原調教師だった。

震災の時、厩舎スタッフに素早く指示を出し、被災地から管理馬を移動させた。その後もしっかりケアすることで、被災馬であったトーセンラーにGⅠ勝利という大きな勲章を与えた。

「トーセンラーにとっても武豊騎手にとってもメモリアルの勝利。二重の喜びになりました。馬も人も全てがパーフェクト。本当にいい脚を使ってくれました」

ちなみに藤原師はトーセンラーと同じタイミングで被災地から連れて帰ってきた牝馬でも地方の大レースに勝っている。

まさに被災馬を救った名伯楽。

もし、あの大震災で直接の被災を受けていたら。

もし、あの混乱のさなか、迎えに行く指示がなかったら。

もし、交通網がさらに分断され、移動することがままならなかったら……トーセンラーの運命はまた違ったものになったであろう。

厩舎期待の星は被災後、勝利を得るまでに長い時間がかかった。

それでも最後はＧⅠ勝利という大きな勲章を手に入れた。

そのおかげで、現在は種牡馬にもなっている。

運命は人の想いで切り開ける。

どん底にいても、あきらめない限り。

Episode 9

地方と中央を結んだ名牝の思い出

ライデンリーダー×安藤勝己

地方競馬で3000勝以上もの勝利を重ねたのち、JRAへ。

そこで1111勝、うちGI22勝という金字塔を残した天才騎手・安藤勝己《あんどうかつみ》。

のちに何人もの地方競馬出身の騎手が続き、現在、JRAのトップジョッキーとして活躍しているが、地方からJRAへ移籍した騎手は彼が史上初めてだった。

いまの競馬ブームには欠かせぬ主役たちは安藤騎手の果敢な挑戦によって生まれているのだ。

彼がパイオニアとしてJRA入りを決めたのはある騎乗馬のおかげだった。

その名前はライデンリーダー。

地方の笠松競馬に所属する一頭の牝馬が安藤騎手の運命を決め、地方と中央の架け橋となっていたのだ。

笠松競馬時代のライデンリーダーは無敵の存在だった。

デビューから10戦10勝という成績。

それでも安藤騎手はこの馬の評価については慎重だった。

それは彼が伝説の名馬オグリキャップの主戦だったからだろう。

オグリの笠松での成績は12戦10勝で、数字だけみるとライデンリーダーの方がいいが、「ライデンリーダーは笠松で負けなしだったけど、牝馬ということもあって、オグリキャップみたいなすごさは感じなかった」と語っている。

抜群の成績をひっさげてＪＲＡに挑戦した二頭だったが、その環境は大きく違っていた。

オグリキャップの時代は地方馬が出られるＪＲＡのレースはごくわずか。

そのために、中央競馬に移籍するという形でしか走ることができなかった。

移籍とともに安藤騎手とも縁が切れた。

ところがライデンリーダーが挑戦を果たした１９９５年はＪＲＡと地方競馬がそれまで閉ざされていた関係を改善、お互いに交流レースを数多く設定した〝交流元年〟と呼ばれた歴史的な年だった。

ただ、その結果の多くは地方競馬勢には厳しい結果となった。

地方競馬主催の大レースはＪＲＡ所属馬がことごとく大差で勝利。

果敢にＪＲＡに挑戦した地方馬もほぼ返り討ちにあった。

そんな中、安藤勝己とライデンリーダーはＪＲＡの大レースのひとつ、ＧⅠ桜花賞のトライアルレースである４歳牝馬特別に出走した。

初めての芝コース、相手はＪＲＡが誇るエリート集団。

そんな中でも安藤勝己騎手とライデンリーダーの地方競馬コンビは２番人気と高い評価を受ける。

〝交流元年〟に笠松から現れた怪物オグリキャップの再来。

ファンはこのコンビに夢を託した。

ゲートが開いた。

ややバラついたスタートとなり、内枠のライデンリーダーは外から勢いよく前に立つ馬たちの後方になってしまう。

決して、有利な位置ではない。

レース中盤になっても、馬群のまま。

前を行く人気馬との差がつまらないまま、最後の直線に入っても離れた７番手。

10戦10勝という抜群の成績もあくまでダートコースでのこと。

芝の適性はなかったのか。

「外からライデンリーダー！　外からライデンリーダー！　すごい脚！」

残り200メートルのところで、実況アナウンサーが絶叫する。

前に馬がいない外側からライデンリーダーが鬼気迫る脚で駆け抜けてきた。

そして、ゴールまで100メートルのところで前の馬をすべてとらえる。

「ライデンリーダー、強い！　快勝です！」

終わってみれば、3馬身半もの圧勝。

地方所属馬が初めてJRAのレースに勝った歴史的瞬間だった。

1か月後、3歳の最速女王を決める戦い、GI桜花賞へ出走。

1番人気になるが、JRA勢の激しいマークもあり、4着に。

その後もJRAのレースに何度か挑むも結果は出せなかった。

しかし、その敗戦が新たな因縁を生む。

ライデンリーダーが芝コースで勝てないことを安藤勝己騎手が自分の技術の問題ととらえ、果敢にJRAでの騎乗にトライするようになったのだ。

その思いはやがて大舞台で乗り続けたい……という目標に変わる。

その結果、43歳というアスリートとしては超ベテランの年齢にＪＲＡジョッキーに転身。

翌年にはあらゆる騎手が目標としながらなかなか勝つことができないダービーを制覇、53歳までの10年間にＧⅠ22勝利など数々の金字塔を打ち立てる。

その騎乗を目の当たりにした後輩たちが安藤の切り開いた道を突き進んだ。岩田《いわた》康誠《やすなり》、内田《うちだ》博幸《ひろゆき》、戸崎《とさき》圭太《けいた》といった地方競馬のトップジョッキーがＪＲＡの騎手試験を突破し、いまや総合リーディングに輝くほどの活躍をみせている。

２０１４年春、ライデンリーダーが亡くなった時、安藤氏はツイッターでこうつぶやいた。

「オレのルーツというか、気持ちの面でも中央に移籍する道筋を作ってくれた」

「忘れられん名馬」

４歳牝馬特別のあと、彼女自体は大きなレースに勝つことはなかった。

またお母さんとしても歴史に残るような子供を残すことはなかった。

それでも、安藤勝己という地方のベテラン騎手がＪＲＡという華々しい舞台に立つきっかけを作った。

そして、安藤騎手は多くの名馬にまたがり、数々の名勝負を演じた。

さらに、その安藤騎手の活躍を見た地方ジョッキーたちがＪＲＡ入りを決断し、今なお最前線で戦っている。

もしライデンリーダーがあのレースに勝っていなかったら、日本競馬の歴史はまったく違ったものになっていたに違いない。

Episode

10

150万円の年度代表馬

モーリス×戸川洋二

サラブレッドは〝走る宝石〟。

２０１６年、開催された良血馬が揃うセレクトセールというセリでは最高価格は2億8千万円、平均価格も約４０００万円という高額な取引が行われた。

そんな中、わずか１５０万円で取引された安馬が２０１５年のＪＲＡの年度代表馬に輝いた。

デビュー後も勝ちきれない日々が続いたが、心機一転した新天地で開花。

気が付けば、日本のGＩレースはもちろん、海外の大レースでも世界の良血馬を相手に圧倒的な勝利を挙げる躍進。

そんなスポ根ドラマのようなストーリーを実現した馬がモーリスだ。

彼が勝った日、香港のシャティン競馬場は驚きと興奮に包まれ、そのニュースは世界中を駆け巡った。

そもそも、生まれた時からさほど大きな期待をされた馬ではなかった。

父スリンヒーローはGＩを1勝しただけのエリートとは呼べぬ種牡馬。

母も未勝利馬と特に強調できる点も少ない血統。

生産した戸川牧場も繁殖牝馬が七、八頭程度という、平均的な家族経営の牧場。

そこで生まれたモーリスは1歳の時、サマーセールというセリに上場されたが、150万円という、かなり格安の値段で取引された。

この時のセリの最高価格は2500万円で、平均価格は約400万円。

プロの目からみても平均の半分以下という評価でしかなかった。

そんなモーリスが最初に注目を浴びたのは翌年の春。

公開調教でいいタイムを出した馬が高い値段で取引されることの多いトレーニングセールで、1番時計を記録。

タイムがいいということは、ここまで順調に育てられ、デビューが近いという証。

普通ならば、かなり高い値段で取引されてもおかしくない。

ところが、過去に安い値段で取引された馬という印象があったのか、ここでも1000万円という、1番時計をマークしたとは思えない値段で取引された。

この日の最高価格は3000万円だったから、ここでも関係者たちのモーリスへの評価は高いものではなかったのだ。

2013年の秋、京都競馬場でデビューしたモーリスは瞬く間に2勝を挙げ、値段以上の活躍をみせたものの、その後、勝ちきれない苦しい日々が続く。同世代が目指すダービー路線からも完全に脱落。

立て直すため、春シーズンの終わりとともに長期休養へ。

たいていの場合、この流れだと、そのまま勝ち負けを繰り返す、平均的な馬として現役を全うすることになる。

ところがこの休養後に意外な展開が待っていた。

オーナーサイドの決断で関西から関東への移籍が決まったのだ。

現役馬が途中で厩舎が変わるというのは非常に珍しい。

しかし、この転厩がモーリスの運命を大きく変えた。

環境が変わることでスタート難をはじめとする、いくつかの課題がクリアになったのだ。

その効果もあり、復帰後は無傷の3連勝。

重賞にも勝ち、わずか半年で1600メートルのスペシャリストへの仲間入りを果たす。

2015年、4歳になったモーリスは、ついにホースマンが憧れるGI安田記念に手が届くところまでやってきた。

ところがその直前、出走に黄信号が灯る。

大レースは賞金の高い馬から順番に走る権利を得る。

モーリスは他の馬に比べて獲得賞金が少なく、除外の対象だった。

力はありながら、出ることが許されぬ状況。

賞金を加算するために、疲れを覚悟でその前のステップレースに出るか？

それとも、他の馬の回避を待つか？

陣営は後者を選び、吉報を待った。

そんなモーリス陣営に競馬の神様は大きなチャンスを与えた。

上位にいた馬が直前で出走を取りやめ、繰り上がり当選を果たしたのだ。

ギリギリの出走確定だったが、ファンはモーリスの強さを信じていた。

この3連勝はマグレではなく、覚醒の証。

当日は並み居る血統馬を抑え、最終オッズ3・7倍という1番人気。

そして、その期待に応え、あっさりとGI制覇を果たす。

戸川牧場にとっては初めてのGIタイトル。

「馬体は平均以上でしっかりしていたが、目立つところはなかった。ここまで来るとは」

生産者の戸川洋二《とがわようじ》さんも驚く完勝だった。

年の初めまでに2勝しか挙げていなかった下級条件の馬が一気に最高峰クラスであるGI馬へと駆け上がる。

150万円で買われた安馬が優勝賞金1億円の安田記念に勝ったのだ。

この話だけでも十分すぎるサクセスストーリーだが、これはまだほんの序章だった。

秋の1600メートルGIマイルチャンピオンシップも制すと、年末の香港国際競走への遠征を表明。

陣営は世界の強豪と戦う道を選んだ。

日本では無敵の存在となったものの、年末の香港でのレースは世界中からトップホースが集まる、いわば競馬版オリンピック。

さすがのモーリスも1番人気は譲った。

だが、レースでは昨年の優勝馬にキッチリ先着しての優勝。

海外GI制覇という偉業を達成、さらに2億円を得て、総賞金は5億円を超えた。

セリでの低い評価、認められぬ1番時計の実績。

さらにデビュー後の挫折……幾度となく苦汁を飲んだが、環境を変えることでモーリスは大きく成長し、生まれ変わっていった。

掲示板に乗るのがやっとだった、若かりし頃の面影はもはやない。

生産者の戸川さんも「4連勝でGIを勝つなんて、うちの馬じゃないような気がします。よそ様の馬のようで」と驚くばかり。

突然の大躍進の真の理由は誰にもわからない。

ただひとついえることは、周りが最大限の努力をしたことでモーリスが覚醒し、彼をとりまくホースマンたちが最高の夢と誇りをもらったことだ。

エリート街道から外れても、連敗が続いても、チャンスをつかむことはできる。
モーリスは諦めない大切さを教えてくれた。

Episode

11

最弱の馬と最強の騎手

ハルウララ×武豊

強い馬にトップジョッキーがまたがる。

それが優勝劣敗をモットーとする競馬界の常識。

そんな中、日本最弱といわれた馬と日本一の天才騎手がコンビを組むという奇跡が一度だけ実現した。

そのコンビはハルウララと武豊。

ハルウララは現存する地方競馬の中でももっともローカルな競馬場といわれる、高知競馬所属の牝馬。

５００キロを超える馬たちが居並ぶダート戦線の中、４００キロにも満たない華奢な体でデビューを果たした。

レースでは3番人気に押されたものの、ダントツの最下位で入線（ゴール）。

その後も連敗につぐ連敗を繰り返していく。

普通ならば、競走馬生命を続けることが難しいほどの低成績。

だが、この連敗街道が彼女をスターダムに押し上げた。

もはやベテランの域に入った7歳の夏、１００連敗近くしながら、ほぼ隔週ペースで元気に現役を続けるハルウララのことが地元の新聞で報じられた。

それをきっかけに全国紙の新聞やテレビが〝負け組の星〟〝リストラ時代の対抗馬〟というテーマで特集を組むと、その愛らしい名前と健気に走る姿に共感したファンたちが急増。

高齢の未勝利馬が、一躍、日本中の注目を集めるスターホースへと祭り上げられた。

閑散としていた高知競馬場のスタンドにもハルウララの姿を求め、多くのお客さんが全国各地から訪れるようになり、馬名の入った単勝馬券が「リストラ防止になる！」「当たらないから交通安全のお守りになる！」と購入希望者が続出。

当時、高知競馬には廃止の危機が迫っていたが、このハルウララブームのおかげで収益が良化。

のちに大成功を収めるナイター競馬へとつながっていく。

しかも、そのブームはとどまることを知らなかった。

Tシャツ、ぬいぐるみ、切手シートなどの関連グッズがいくつも作られ、〝ハルウララ米〟や〝ハルウララ焼酎〟なる商品まで登場。

さらにハルウララに関する書籍やＤＶＤも続々と発売され、ついには渡瀬恒彦《わたせつねひこ》、賀来千香子《かくちかこ》ら豪華キャストが出演する映画『ハルウララ』まで撮影された。

節目となった１００戦目の日には５０００人を超える観客が集まり、33社・１００人を超える報道陣がレースの行方を見守った。

応援馬券が売れるため、ダントツの１番人気ではあったが、結果は10頭中９着。

ファンが期待する１００連敗は無事に達成された。

その後も多くのメディアに取り上げられたハルウララだったが、日本中を驚かせたのが、天才・武豊ジョッキーの騎乗決定のニュース。

２００４年３月22日のメインレースＧⅢ黒船賞に乗る武豊騎手が、その次の最終レースに出走するハルウララへの騎乗依頼を快諾したのだ。

前年に前人未到ＪＲＡ２００勝を挙げ、もっとも勢いに乗る最強のトップジョッキーと連敗し続ける日本最弱の未勝利馬。

本来ならば絶対に交わることのないデコボココンビ。

「当日がどんな競馬になるかワクワクしており、とても楽しみ。ベストの騎乗を心がけるので、ぜひ高知競馬に足を運んでいただきたい」

経営の苦しい地方競馬を盛り上げようというトップジョッキーの想いで実現した夢のコラボだった。

当然、当日は高知競馬始まって以来の賑わいとなった。

1万3千人もの観客が来場し、史上初の入場制限となった。

場内に入れなかったファンのために、2キロほど離れた県営陸上競技場が開放され、大型画面でレースを観戦するというパブリックビューイング状態に。

ほぼ競馬場には来ないという武豊騎手の母親もこの日は来場していたという。

まさに日本中がこの未勝利馬に釘付けだった。

もちろん、馬券も飛ぶように売れた。

1日の馬券売り上げは高知競馬史上最高記録を更新。

ハルウララ専用の窓口まで設けられ、その列は途絶えることはなかったという。

単勝馬券だけでも総額1億円を超える売り上げ。

まさに高知競馬にとって夢のような大盛況の1日となった。

最終レースが始まった。

天才騎手に導かれ、まずまずのスタートを切ったものの、次第にポジションを下げていくハルウララ。

そして、直線でも伸びることなく11頭中10着でゴール。

ここで武豊騎手が粋なパフォーマンスを披露した。

敗れたにも関わらず、スタンド前を〝ウイニングラン〟したのだ。

単勝馬券は外したものの、幻のコンビが目の前を走ることにファンは大いに満足し、場内に大きな拍手がこだました。

「いい馬ですよ。ちょっと足が遅いだけで」

のちのインタビューで武豊はハルウララをこう評した。

天才ならではの絶妙な表現。

ファンが喜ぶならば……地方競馬が盛り上がるならば……そんな想いで武豊騎手はハルウララに乗ることを快諾し、大きなムーブメントを引き起こした。

ハルウララはその後も出走するたびに注目を集め、113連敗で引退するまで高知競馬の売り上げに貢献した。

本来、勝利を追求する競馬の世界において、ハルウララの存在は〝邪道〟だ。

一部の関係者の間で、このブームを疑問視する声もあった。

しかし、強い馬だけに人は惹かれるわけではない。

サラブレッドの血統ロマンやその生き様に共感し、人生を投影するファンは少なくない。

武豊騎手と113連敗した小柄な牝馬ハルウララ。

このコンビが強い馬だけが人々の心を動かすわけではないことを示してくれた。

Episode

12

偉大なる父を乗り越える時

ウオッカ×谷水雄三

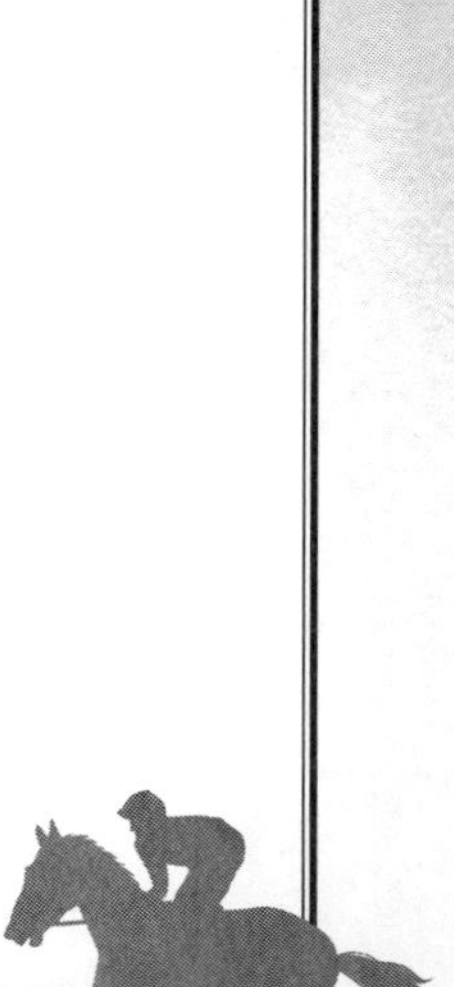

3歳時に同世代のナンバーワンを決める戦い、競馬の祭典・ダービー。

その1週間前に〝女性版ダービー〟ともいうべき戦いがある。

オークスと呼ばれるそのレースは、同世代の牝馬の頂点を決める真の女王決定戦。

多くの牝馬は生まれながらにして、ここを目指すために走る。

牡馬と牝馬に能力差が認められているからこそ、このようなふたつのレースが設けられている。

ところが時折、男女の枠を越えて、あえてオークスをパスし、日本一の座を決めるダービーに挑む牝馬が出現する。

2007年のウオッカがまさにそうだった。

彼女のダービー出走は生産者兼オーナーの谷水雄三《たにみずゆうぞう》氏の苦労に苦労を重ねた競馬人生から生まれた強い信念によるものだった。

「僕にはダービーへの執着がある。〝未到〟に挑戦したい」

親子2代に渡り、オーナーブリーダーと呼ばれる牧場主と馬主を兼任してきた谷水氏は常に偉大な父の背中を追いかけていた。

先代の父・信夫《のぶお》氏は一代で数々の事業を成功させた立志伝中の人物。

その一環として、戦後間もない時期にカントリー牧場の経営を始めた。

そこで独自の調教をされた愛馬たちが次々と結果を出す。

その中にダービー2勝という偉大な成績が残されている。

ところが、ふたつ目のダービーを制した3年後に信夫氏が急逝、長男だった谷水氏が2代目として、すべての事業とカントリー牧場を受け継ぐこととなった。

偉大な父のすべてを30代で継ぐことになった氏は当初、本業の事業に集中したいと考え、牧場経営を継続するかどうか悩んだ。

そんなさなか、父の名義で走っていたタニノチカラが天皇賞、有馬記念という大レースを続けざまに勝利。

これを天命と感じ、父が遺したカントリー牧場を続けることを決意した。

それは茨の道への選択でもあった。

「先代が牧場を引っ張ってきた10年弱は順風満帆、いいことばかりでした。ところが素人の私が引き継いでからは波乱万丈が続きました。30年近く地を這ってきたように感じています」

事実、先代の時代に生産者ランキング3位だったカントリー牧場は徐々に成績が降下し、ついには97位にまで後退する。

ところが、ある人物の一言が低迷するカントリー牧場を救う。

伝説の五冠馬シンザンなど数々の名馬を育てた武田文吾《たけだぶんご》調教師が、牧場を訪れた際、草を食べる馬たちの覇気のなさを感じ取り、牧草の品質向上などの改革を提言。

これを機に牧場の土壌改良や新たな地に分場を設立するなど、2代目による大改革が始まる。

牝馬の頭数も整理し、かつての大牧場は少数精鋭体制に生まれ変わった。

その成果は徐々に現れ、信夫氏が天に召されてから約30年後、ウオッカの父に当たるタニノギムレットがダービーを制覇。

偉大な先代の記録に一歩近づいた。

「もうひとつ勝って2勝ずつで父と並びたい」

それが谷水氏の夢となった。

引退したタニノギムレットの血を受け継いだ最初の世代にウオッカという牝馬がいた。

ハイレベルな世代の2歳女王に輝いたことで、谷水氏はダービーへの出走を考えはじめた。

しかし、確勝を期して臨んだ牝馬限定のGⅠ桜花賞でダイワスカーレットの2着に敗れてしまう。

マスコミ陣からは「牝馬を相手に負けた馬が牡馬相手のダービーに出て勝てるのか」という声も挙がっていた。

それでも谷水氏には確信があった。

敗れはしたものの、速いタイムで走ることができている。

走りが東京競馬場に向いている。

なによりも、それに勝る想いがあった。

「タニノギムレットの仔でダービーを取りたい」

当初の予定通りダービー出走が決まり、谷水氏は父と並ぶ悲願達成の時を得た。

「周囲は牡馬ばかり。さすがに少し入れ込んでいたので、折り合いに専念した」

細心の注意を払った鞍上の四位洋文《しいひろふみ》騎手に導かれ、最後の直線で並み居る牡馬たちの間から抜け出したウオッカは、3馬身差をつけて先頭でゴール。

谷水氏は1勝目を挙げたタニノギムレットの娘で父と並ぶダービー2勝目を手にした。

谷水氏の〝波乱万丈〟で〝地を這ってきた〟時代がついに幕を閉じた。

その後、ウオッカはライバルのダイワスカーレットとともに男勝りの走りを披露し、JRA歴代記録タイのGI7勝という素晴らしい戦績を残す。

カントリー牧場にかつての輝きが戻り、名門牧場の復活劇にファンは大いに沸いた。

ところが、その感動が冷めやらぬ時に競馬界を衝撃的なニュースが駆け巡る。

50年の歴史を誇るカントリー牧場の閉鎖が決定したのだ。

「オーナーブリーダーの場合、最低でも10年のスパンで取り組まなければなりません。10年後には私も83歳、さすがにしんどいと思わないわけにはいきませんでした」

現実を見つめたうえでの決断。

ファンは名門牧場の消滅と名物オーナーの引退に嘆いたが、実は新たなる挑戦への幕開けだった。

現在、ウオッカは谷水氏の所有馬として、アイルランドにいる。

世界的な種牡馬と交配し、その産駒は元気に走っている。

まだまだ目立った活躍馬はいないが、幾度となく奇跡の走りをみせてくれたウオッカのこと。

きっとまた、あっと言わせるような子供を生み出すに違いない。

タニノギムレットから始まり、ウオッカが繋いだ苦しみと喜びのドラマ。

3杯目の乾杯の音が鳴り響く日を競馬ファンは心待ちにしている。

Episode

13

寝れない夜に別れを告げて

スリープレスナイト×上村洋行

ジョッキーにとって、目は命。

その武器を奪われ、引退寸前まで追いつめられた男がいた。

その男の名は上村洋行《うえむらひろゆき》騎手。

ルーキーイヤーにいきなり重賞制覇、年間40勝という新人離れした成績を残すや、一躍トップジョッキーに仲間入り。

競馬の世界の最高峰であるＧⅠレースのタイトルを手にするのも時間の問題だと言われていた。


ところが騎手になって11年目、突如、病魔が彼を襲った。

視界が濁り、視力が衰えていく。

〝黄斑上ぶどう膜炎〟という診断。

一時は引退も覚悟したが、現役を続けたいという想いから、２００４年に手術に踏み切った。

8か月の間に4回もの手術を経て、ようやく回復。

しかし、現役騎手にとって8か月のブランクは長すぎた。

彼のお手馬は他のジョッキーの手に渡っていた。

目の状態は快方に向かっていたが、なかなか騎乗馬が集まらない。

そんな苦しい時、上村は一頭の牝馬に巡り会う。

その馬の名はスリープレスナイト。

のちに上村騎手と大仕事をやってのけるこの馬を管理するのは橋口《はしぐち》弘次郎《こうじろう》調教師。ダービー、海外ＧＩなど数々の大レースで勝利を挙げた日本を代表する名トレーナーだ。

騎手出身である彼は実力がありながらも環境のせいで恵まれないジョッキーをことあるごとに援助した。

あの名手・武豊騎手が落馬した時も救いの手を差し伸べたのは橋口師だった。

武豊もインタビューでこう感謝の言葉を残している。

「落馬して、ちょっと低迷していた時期に『武豊が勝たないと競馬界が盛り上がらない』と言ってくれて、騎乗馬を回してくれた」

男気あふれる九州男児は風評に惑わされることなく、手術後の上村騎手がしっかりと馬に乗れていることを見抜いていた。

「何度も目の手術をして、騎乗馬も集まらなくなった時に『まだ乗れるんだから諦めるなよ』と言って騎乗馬を回してくれた」

橋口師の支えもあり、復帰直後、年間4勝までに落ち込んでいた成績も翌年には42勝、V字回復を遂げた。

闘病生活からの完全復活。

そんな中、スリープレスナイトとの運命の出会いを果たす。

なかなか勝ちきれなかった馬が、上村騎手が騎乗するや5戦4勝2着1回という変わり身をみせる。

その後、一流馬と対戦するようになってから足踏み状態が続いたが、ダートコースから芝コースに路線変更したところ、今度は4か月で4連勝という破竹の勢いで、最高峰レースであるGⅠを狙える地位にまで昇りつめた。

2008年秋、スリープレスナイトは短距離ナンバーワンホースを決める戦いGⅠスプリンターズステークスに駒を進めた。

もちろん鞍上は上村洋行騎手。

彼女にとってＧＩレースは初めての大舞台。

相手もこれまでとはレベルが違う最強の短距離馬たち。

そして、上村騎手にとってもＧＩレースは過去39回挑戦し、未勝利という厚き壁。

実績だけをみれば、不安材料が先立つコンビだが、なんと堂々の1番人気に推された。

スリープレスナイトのシンデレラストーリー、上村騎手の奇跡の復活……ファンはその夢に賭けた。

ゲートが開き、スリープレスナイトはスタートダッシュを決めると、スッと先行集団の外目へ。

いつでも抜け出せる位置から先頭をうかがう。

そして、最後の直線に入ると、残り２００メートルでスパート。

前を行く馬を交わすと、そのまま栄光のゴールへと飛び込んだ。

「手が挙がりました、上村洋行、悲願のＧＩ制覇！」

実況アナウンサーが興奮気味に勝利を伝える。

目の病気で引退寸前まで追い込まれた男のＧＩ初勝利。

17年目、40回目にしてようやくつかんだ悲願のタイトル。

復活を喜ぶファンへ向けたウイニングランを終えた上村騎手は、下馬するなり橋口師に抱きついた。

使い続けてくれた恩にようやく報いることができたのだ。

「良かった！　良かった！」

数多くの修羅場を潜り抜けてきた名調教師でさえ、そんな言葉しか出てこないほどの万感の勝利。

実はこの日は橋口師の62歳の誕生日だった。

橋口師にとって最高のバースデープレゼント。

自らが育てたスリープレスナイトと自らが信じた上村騎手によるＧＩ制覇。

いつか来るであろうと確信しながらも、待ちに待った瞬間。

「目の病気をしていなかったら、巡りあうことのなかった馬かもしれません。橋口先生には感謝の言葉しかありません」

苦難を乗り越えた男だけが口にできる言葉。

騎手にとって、致命的な病に侵され、苦しみ、ブランクで騎乗機会も減り……自暴自棄になってもおかしくない状況でも彼は諦めなかった。

暗闇の中でつかんだ小さな灯、それがスリープレスナイトだった。

努力すれば必ずしも報われるわけではない。

だが、努力なくして報われることはない。

そして、誰かがその姿に共鳴することで、奇跡が必然に変わる。

現役生活23年、通算勝利５７０勝、ＧＩ勝利１回。

決して、超一流と呼べる成績ではない。

しかし、この中にはどんなトップジョッキーもかなわない血のにじむような努力で得た勝利が数多く含まれている。

病気に悩まされ、〝眠れぬ夜〟を過ごした手負いのジョッキーは奇しくもスリープレスナイトという名のパートナーで栄光をつかんだ。

ＧⅠを制した夜、上村洋行騎手もきっとぐっすり眠れたことだろう。

Episode

14

トップトレーナーが愛した一頭

ブレイクランアウト×戸田博文

常在戦場……馬主から馬を預かり、調教し、レースを走らせる調教師は競馬界の最前線にいる司令官。

誰よりも馬に接する立場でありながら、馬を仕上げるためにハードなメニューを課し、成績次第で馬の将来を決断するという重い責任を一手に負う。

まさに究極のリアリズムに生きる仕事。

そんな立場にありながら、志半ばでターフを去った管理馬をこよなく愛し、ロマンあふれる夢を実現した名伯楽が戸田《とだ》博文《ひろふみ》調教師だ。

数々のＧⅠを制したトップトレーナー。

自らも調教で馬にまたがり、妥協を許さない馬作りをすることから、多くの馬主や関係者に一目置かれる存在だ。

そんな戸田師が厩舎に入ってきた、一頭の若駒に大いなる夢をみた。

世界的な血統で、ルックスもサラブレッドとして理想的な体型の持ち主。

厩舎に初めてＧⅠをもたらした馬を預けてくれた恩人が海外で発掘し、次なるＧⅠホース候補として託された一頭でもあった。

戸田師にとって特別な馬になってしまうのも無理はない。

ブレイクランアウトと名づけられたその馬は戸田師の見立て通り、デビュー戦を4馬身差で快勝し、一気に世代を代表する有力馬となる。

その後、GⅠへのステップレースとなる重賞レースでも勝利し、GⅠ制覇が目前に迫ったが、大目標のGⅠダービーでは悪天候でコースが荒れる不利もあり、結果を出せず、不完全燃焼で終わった。

「いつか大きいところをとらせてあげたい」

戸田師はブレイクランアウトの強さを信じていた。

だが、1年後、長い休養を挟んで再起を狙ったものの、またもや直線で不利に泣き、勝利を逃した。

不運はさらに重なる。

レース後に大ケガが判明。

命こそはつなぎとめたものの、〝競争能力喪失〟という厳しい診断結果だった。

才能を開花させぬままの引退。

血統の裏付けはあるものの、この実績では登録抹消となり、人知れず消えてしまう。

戸田師は恩人の馬を観る目と、ブレイクランアウト自身の高い能力を信じ、次なる道を探った。

レースでは結果が出せなかった。

だが、父親としてはどうだ？

「何とかこのあとの活躍の場を設けてあげたいと思い、いろいろとあたってもらった結果、種牡馬になることが無事に決まりました。今後は厳しい戦いになりますが、この馬のポテンシャルは素晴らしいし、血統背景からも楽しみは大きいはずと思います。ほんとうに頑張ってほしいですね。２世たちが生まれてくるのを今から楽しみにしていきます」

翌年、ブレイクランアウトは北海道にあるオリオンファームという牧場にいた。

戸田師の熱意が叶い、種牡馬としての第二の馬生を送ることになったのだ。

競走馬が種牡馬になれる確率は１％以下と言われる。

まさにブレイクランウアウトへの熱き想いから実った夢。

同ファームの大谷正嗣《おおたにまさつぐ》オーナーも、ブレイクランアウトの潜在能力を信じ、種牡馬入りを心から歓迎した。

「縁があってうちにくることになりました。大事にしたいです」

もちろん、種牡馬入りしてからも激しい生存競争を強いられる。

子供たちが活躍しなければ、即引退という厳しい現実が待っている。

ましてや、ブレイクランアウトは大牧場や大オーナーが後見人にいる人気種牡馬ではない。

良血馬ではあるが、実績がやや足りないこともあり、生産者の関心を集めているとはいいがたい。

実際、二百頭以上も種付けをする人気馬がいる中、ブレイクランアウトには十頭程度の花嫁しか集まらなかった。

だが、そんな中で少数精鋭のブレイクランアウトの子供たちが善戦する。

特にその能力を高く評価するオリオンファームがレベルの高い牝馬を付けたこと

もあり、連勝を重ねる孝行息子やエリート街道の登竜門と言われるＪＲＡの認定レースで優勝する孝行娘を輩出した。

戸田師の見立ては間違ってなかった。

調教師の1週間は極めてハードだ。

火曜日から金曜日までは茨城県の霞ヶ浦のほとりにある美浦トレーニングセンターと呼ばれる施設で朝から夕方までつきっきりで管理馬を世話し、週末の2日間は競馬場でレースに立ち合う。

しかも、出走する馬のスケジュール次第で土曜は新潟、日曜は小倉という移動もザラ。

唯一ある休日の月曜日も、翌日早朝から働くので、実は丸一日ゆっくりするほどの時間もない短い休み。

戸田師はその休日にさえ、体を休めることなく北海道に出張し、日高地方の牧場を飛び回り、休養中の管理馬をチェックする。

そして、その旅の途中に必ずニンジン持参であの場所へ行く。

「北海道に来ると、仕事でありながらリフレッシュできる」
空港から1時間かけて、ブレイクランアウトとの再会を果たす。
「ブレイク！」と師が声をかけると嬉しそうにいななくブレイク。
誰も入ることのできない絆でつながる一人の男と一頭の馬の二人だけの時間。
果たせなかったGⅠ制覇という夢はブレイクし始めている子供たちの世代に託された。
この勢いであれば、決して遠い夢ではない。
夢が叶ったその時、一人の男と一頭はどんな想いで喜びの言葉をかわすのか？
その瞬間が訪れるのがいまから待ち遠しい。

Episode

15

京美人が名付けた女の子の運命

ハンナリト×安田美沙子

著名人が知り合いの馬主さんに頼まれて馬名を命名することが時折ある。

明石家さんまさんのシャチョマンユウキ。

ＡＫＢ48・小嶋陽菜《こじまはるな》さんのモンドシャルナ。

ほしのあきさんのハシッテホシーノ。

おぎやはぎさんのハッピーグラス。

カンニング竹山隆範《たけやまたかのり》さんのキングスナップ。

麒麟・川島明《かわしまあきら》さんのキリンチャン。

これらの馬の中にはまずまずの好走をみせた馬もいるが、一流馬の集うＧⅠ戦線で活躍できたかといえば、残念ながらそこまでの馬は出ていない。

芸能界の第一線で活躍するタレントさんたちのパワーのおすそわけをいただいても、1勝することすら難しいのが現状だ。

そんな中、一頭の牝馬にタレントの安田美沙子《やすだみさこ》さんが命名した。

京都出身の彼女らしく「上品で明るく華やかなさま」を意味する京ことば「はんなり」が由来のハンナリト。

同時に愛犬ハンナの妹分という意味合いもあった。

名前はつけたものの、そこは忙しい芸能人。

いざ現地で応援というのはなかなか容易なことではない。

ところが安田さんはハンナリトのデビューを見届けるために、わざわざ札幌競馬場まで足を運び、目の前で応援した。

残念ながら6着に終わったが、安田さんはレース後、遠く離れた出張馬房にまで赴き、ハンナリトを労った。

「いい競馬をしていました！　これからが楽しみな走りで、まだまだ可能性があるのを感じました！　ハンナリトちゃん、お疲れ様でした！」

管理する小檜山《こびやま》悟《さとる》調教師もこの一戦で手ごたえを感じていた。

「（レース後）安田さんもすごく喜んでくれていたし、競馬に関心がなかった人たちが、安田さんやこの馬を通して、一人でも多くの興味を持ってくれればいいね」

中1週後の2戦目も4着と善戦し、このままならば勝ち上がるのも時間の問題だとみられていた。

だが、注目された3戦目で、これまでで一番悪い8着と敗れる。

レース中に負傷していたためだった。

左前脚ヒザ骨折、完治6か月という診断が下され、長い療養期間を余儀なくされた。

突然の悲報に安田さんも心を痛めた。

「もうショックでショックで。メールみて『えっ!?』って叫びました。大丈夫かな。痛かったやろうな。頑張って走ったんやろな。みなさんもハンナリトにパワーを送ったげてください。うちもお見舞いに行こうと思っています」

長い療養生活を経て、約9か月後、なんとか復帰したハンナリトだったが、痛めた脚の影響が残っているのか、かつての走りはもうみられることはなかった。

復帰戦を含めて3戦するも11着、14着、8着とすべて着外という結果に。

この成績では競走馬生活から引退せざるを得なかった。

父は二冠馬ネオユニヴァース、叔母はGⅠ桜花賞馬テイエムオーシャン。

血統的には決して悪くはないが、そこはあくまで1勝もできなかった未勝利馬。

優秀な血統だけが残り、他は淘汰されるサラブレッドの世界において、繁殖牝馬として牧場に戻れる確率は3割程度と言われている。

実績としてはかなり微妙だったが、管理する小檜山調教師がハンナリトの繁殖入りを強く推した。

「安田美沙子さんのような活躍する芸能人に名付けられ、愛された馬は強い運を持っているもの。お母さんとして残すべき」

そんな後押しもあり、生まれ故郷の川越ファームへの里帰りが決定。

競走馬の母として第二の馬生を送ることが決まった。

数年後、小檜山師の言葉は真実となった。

母として初めて生んだ子供は遅生まれだったがスクスクと育ち、南関東の船橋競馬・稲益貴弘厩舎に入厩。

デビュー戦で母が成し遂げられなかった勝利をあっさり挙げると、競走馬にとって勲章ともいうべき重賞制覇を達成。

もちろん、この大活躍に母ハンナリトの名付け親は心から喜んだ。

「私が名前を付けさせていただいたハンナリトの息子ガーニーフラップくんが重賞で勝利!!　血筋が繋がっていくことに感動しております。大切に育ててくれた皆様に感謝です」

その勢いのまま9戦5勝という目覚ましい成績で南関東所属の同世代が目指す大目標、東京ダービーにまで駒を進めた。

注目馬の一頭として臨んだ東京ダービーでは展開が向かず、8着と敗れたガーニーフラップだが、遅生まれということもあり、本格化はまだまだこの先という評価だ。

今後の目標はかつて母親が在籍し、勝利を飾れなかったJRAの所属馬と直接対決となる、交流GⅠレースだ。

もしハンナリトの名付け親が安田美沙子さんでなければ……もし管理する小檜山悟調教師が繁殖牝馬入りを強く勧めなかったら……もし生まれ故郷の川越ファームが快く受け入れていなかったら……。

ガーニーフラップの活躍はなく、2016年、大いに盛り上がった南関東の重賞戦線も全く変わっていたはずだ。

ハンナリトは競走馬としては決して一流ではなかったが、周りの人に支えられ、母として高い評価を得る存在となった。

血をつなぐことで、生まれる物語。

孝行息子のさらなる活躍で、ハンナリトを巡る血のドラマはさらなるクライマックスを迎えようとしている。

Episode

16

子供たちの笑顔の中心に ポニーがいる風景

ハッピーポニーショー×吉田勝己

日本最大級を誇る馬のアミューズメントパーク・ノーザンホースパーク。

北海道にある、東京ドーム約11個分に相当する50ヘクタールの敷地内には、レースを引退したサラブレッドやポニーなど、12種類・約八十頭の馬たちが暮らしている。

訪れたお客さんは体験乗馬や馬車での園内観光など、馬とのふれあいを楽しむ他、道内産の食材を使った料理を出すレストランでグルメを満喫することもできる。

まさに大人も子供も楽しむことができる一大観光施設だが、いま園内でもっともホットな話題となっているのが「ハッピーポニーショー」だ。

日本で初めて定期的にポニーが芸を披露するショーが行われている。

愛らしい小柄なポニーがお姉さんのエスコートで次々とスゴ技をみせていく。

その姿に子供たちが歓声をあげる。

いまや、パーク内の風物詩となっているシーンだが、実はこのショー、きっかけはひとりの女性従業員の思いつきからだった。

その女性とはホースパークで馬たちの世話をする佐藤《さとう》ひささん。

「来園される方は小さなお子様連れの方が多いのですが、小さなお子様は大きな馬を見たときに怖いと思うことがあるんです。その橋渡し役としてポニーから馬好きのきっかけを作りたいと思いました」

そのアイデアは一見、荒唐無稽なものだった。

なんとイルカやアシカのように、ポニーに定期的にショーを披露させるという過去に例のない試み。

佐藤さんはノーザンホースパークのトップである吉田勝己《よしだかつみ》氏に、この壮大な構想を直訴した。

吉田勝己氏といえば、日本一の牧場ノーザンファームの代表であり、ディープインパクトやオルフェーヴルなど数々の名馬をターフに送り込んできた世界的なホースマンだ。

当初、この話を聞いた時、内心は「そんなもの、ろくなもんじゃない……」と感じたという吉田氏だったが、最終的にはゴーサインを出した。

それは、彼女の思いがノーザンホースパーク設立の精神に合致していたからだ。

馬文化の普及や振興を目指して、ノーザンホースパークは誕生したが、実は吉田氏にはもうひとつの大きな目的があった。

それは人材育成。

牧場スタッフの乗馬技術の向上をはかる重要な場でもあったのだ。

「それまでは僕が牧場で新人に馬に乗ることを教えていました。でも、牧場の中だけではなかなか上手くならない。仕事は誰かに注目されることで進歩するもの。スタッフが自分の仕事を見てもらえる環境を作ることで、みんながスターになってくれたら」

吉田勝己氏のお墨付きをいただいた佐藤さんはプロジェクトをスタートさせた。

ポニーと人間の共同生活ともいえる日々。

鞭を使ったり、人が制御したり……というホースショーは過去にもあった。

だが、ノーザンホースパークは馬の素晴らしさを人々に伝える施設。

そのためにも過去のショーのような厳しい調教は許されない。

あくまで信頼関係だけで進行しなければならない。

「水族館のショーをヒントに、馬がしたことに対して大好きなニンジンを与えて、馬の自発的な動きを引き出してショーに組み入れる」

佐藤さんをはじめとする女性スタッフは手探りの中で、着実にショーに向けて歩み続けていた。

その結果、ジャンプや輪投げキャッチなど、高度な芸ができるようになり、ついにポニーショーが定期的に開かれるようにまでになった。

最初は外にある馬術の競技会場でスタートしたが、回を追うごとに評判となり、いまでは専用の屋内施設のポニー館が完成し、一年中を通して、多くのお客様に楽しんでもらっている。

もちろん、その主役は子供たちだ。

「ポニーから馬好きになってほしい」

佐藤さんたちの思いはショープログラムをみれば一目瞭然。

子供たちにニンジンを渡すチャンスなどを随所に盛り込み、ポニーとのふれあいの時間を作っている。

女性スタッフのいちアイディアが、いまや日本を代表するパークの目玉イベントとなった。

さらにポニーショーに大きな転機が訪れる。

なんと、フジテレビが毎年夏にお台場で大々的に開催しているビックイベント「お台場新大陸」での定期公演も果たしたのだ。

東京のど真ん中で行われる大イベント会場でポニーたちが繰り広げるショーに都会の子供たちは目を輝かせた。

テレビでも連日大きく扱われ、まさに日本を代表するホースショーとして広く認知されるまでになった。

「最初はろくなもんじゃない……と思ったけれども結構なものだったんですよ。馬を知る僕らは、こんなこともできるのかと感動しますね」

もう何百回となく視察している吉田勝己氏だが、常にショーの間はニコニコ顔だ。

日本一の牧場を率いる総帥の意外な一面。

だが、これは、このプロジェクトの成功そのものに向けての笑顔なのかもしれない。

「馬づくりは人づくり」

こう公言する吉田氏の元、多くの優秀な人材が育ち、ノーザンファームを日本一の牧場に押し上げた。

その人材を発掘するノーザンホースパークで女性スタッフが提案したアイディアが実現し、いまや世界を代表する文化イベントとなった。

やる気とアイデアさえあれば、誰でも大きな仕事ができる。

ポニーショーの成功は馬文化の普及と同時に、人材育成の典型的な成功例といえよう。

そして、この開拓精神がある限り、ノーザンファームもノーザンホースパークも日本一であり続けるであろう。

Episode

17

異国で見つけた黄金郷

エルドラド×高岡秀行

異国の地に移り住み、結果を出すのはたやすいことではない。

ところが、シンガポールで日本の調教技術と日本馬のレベルの高さを証明した男がいる。

ホッカイドウ競馬から世界の舞台に飛び出した高岡秀行《たかおかひでゆき》調教師だ。

当初から海外進出を夢見ていたわけではなかった。

シンガポール競馬を知ったのも、仲のいい生産者に「いま活気がある競馬場」として紹介されたからに過ぎなかった。

馬産地競馬に携わるひとりとして、主催者と懇意になり、日本馬が海外でも売れる架け橋にでもなればと考え、視察を兼ねて訪れただけ。

ところが、シンガポール競馬の活気ある雰囲気、日本競馬にひけをとらない充実した施設を目の当たりにして感動。

主催者に移籍を勧められるや、即決してしまったのだ。

実はこの国の競馬には高岡師を熱くさせる理由があった。

それは世界各国の調教師がこの国に移籍し、しのぎを削っているという事実。

世界の一流トレーナーと日々戦える状況が高岡の闘争心に火をつた。

視察旅行から1年足らずで、高岡師はホッカイドウ競馬の厩舎を畳み、シンガポールで開業した。

北海道でリーディングトレーナーにもなった実績の持ち主だが、そんな肩書は異国の地ではまったく通用しない。

しかも、南半球の馬を中心にスケジュールが決まっているため、半年遅れで走ることになる日本馬の多い高岡厩舎は当初かなりの苦戦を強いられた。

オーストラリアやニュジーランドの生産馬が多いため、圧倒的にスピード馬が有利。

中距離を目標に生産されている日本馬はその点でも不利だった。

勝てなければ、預かってくれる馬は増えない。

しかもシンガポール競馬のルールでは、ある一定数の馬を預かっていない厩舎は翌年に免許を更新してもらえない。

実際、多くの外国人調教師がここでひと旗挙げようと訪れたが、次々と夢破れて帰国の途につく。

高岡師も開業から数年は綱渡り状態だった。

そんな中、開業4年目にようやく重賞ウイナーが現れ、厩舎サイドにかすかな希望を与えてくれた。

だが、数ある重賞レースのうちのひとつを勝ったに過ぎない。

それでも高岡師は日本産の馬にこだわった。

馬産地への恩返しというのはもちろんあった。

だが、それ以上に母国の馬の強さを信じていた。

「日本の馬はどこでも通用すると実証したかった。内心、他の陣営に負けてたまるかと思っていた」

転機は開業6年目に訪れた。

日本から連れてきたエルドラドという馬が9戦目にして初勝利を挙げるや、3連勝を飾り、一気にダービー戦線の有力馬として名乗りを挙げたのだ。

これは短距離路線が充実する中、あえて長距離路線を選んだ陣営の作戦だった。

敗れはしたものの、エルドラドは春競馬の総決算シンガポールダービーで2着と好走する。

そして、高岡師が故郷に錦を飾る瞬間がやってくる。

秋競馬の総決算ＧＩゴールドカップでエルドラドが優勝したのだ。

「北海道でもいくつかの重賞を勝ちましたが、これまでに感じたことのない感動でした」

数々の栄光を得てきた高岡師をして、表現できないほどの喜び。

「シンガポールへ移籍して、外国のトレーナーたちと戦いながら、伝統のＧＩに勝ったことが並々ならぬ喜びでした」

エルドラドの父はステイゴールド。

三冠馬オルフェーヴルやＧＩ6勝馬ゴールドシップを輩出した名種牡馬だが、当時はまだＧＩを勝った子供がいなかったため、父の名を高める孝行息子としても話題を集めた。

この勝利を機に覚醒したエルドラドは、その後もこの伝統あるＧＩレースを計3

回も制し、シンガポール競馬において伝説の名馬となる。

引退した翌年にはゴールドカップの前哨戦レースとして、彼の名前を冠した「エルドラドクラシック」というレースが創設され、シンガポール競馬の歴史にその名を刻んでいる。

この馬のおかげで高岡師の名はシンガポールはもちろん、母国である日本にも鳴り響いた。

翌年、日本の地方競馬を統括するＮＡＲから特別表彰を受けた。

元ホッカイドウ競馬の調教師が世界に飛び出し、結果を出したことが評価されたのだ。

北海道で生まれ、北海道のセリで取引され、シンガポールで大輪の花を咲かせたエルドラド。

その活躍をきっかけに多くの日本産馬たちがシンガポールの馬主たちに買われるようになり、日本競馬にとって、大きなビジネスチャンスにつながった。

ひょんなことから祖国を飛び出し、新天地に羽ばたいていった高岡師だが、彼の活躍が母国に大きな好影響を与えている。

そして、高岡師自体も今なお、北海道のセリで探し求めた日本馬をメインにシンガポールで世界の強豪と戦っている。

決して楽な道のりではない。

しかし、日本人としての誇りと日本競馬のレベルの高さを信じて、戦い続ける。

エルドラドとは大航海時代にスペインに伝わった伝説の地〝黄金郷〟。

探検家たちが見つけることができなかった夢の舞台を高岡はシンガポールで見つけた。

そしてこれからも、さらなる黄金を掘り出すことを夢見る挑戦は続く。

Episode

18

全国に笑顔を届けたアイドルホース

ラブミーチャン×Dr.コパ

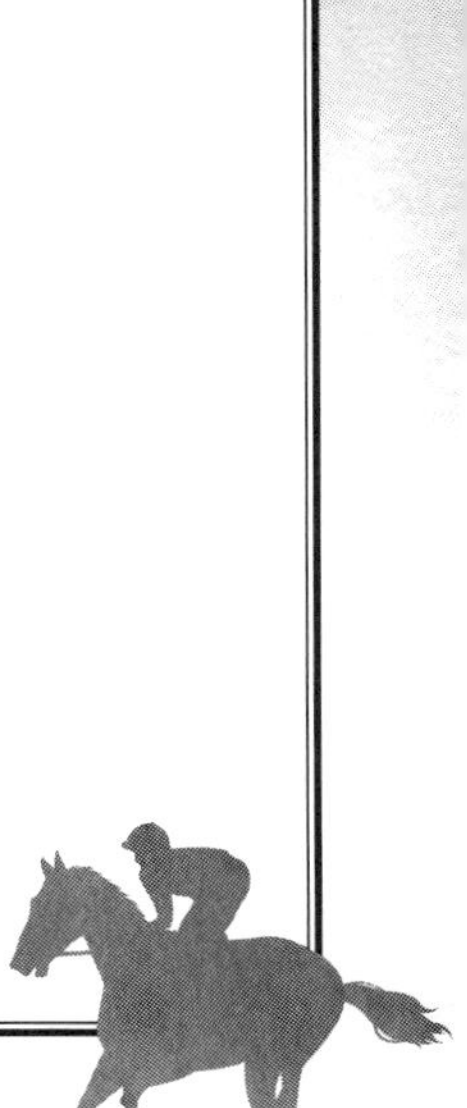

コパノリッキーやコパノリチャードなど、「コパノ」の冠名で数多くのＧＩ馬を擁する風水の第一人者Dr.コパさん。

いまや大馬主としてもその名を知られるが、最初に活躍した愛馬は安価で競り落とした一頭の牝馬だった。

「２００万円とか２５０万円から始まって、３００万円で落とせたんだよね。なぜこんなにいい馬が……って心配になっちゃうよね」

活躍した父の面影と可愛らしい顔つきに惚れたコパさん。

いつもならば、落札したあとは馬と一緒に写真を撮って、あとは牧場スタッフに任せるが、この仔の時だけは違った。

「すごい馬だなぁ」

周りを何度も見て回った。

そばにいた人からは「１億円の馬を競り落としたような顔をしていた」と言われたという。

育成牧場で見立て通り男勝りの力強い走りをみせていたことから、コパさんは

ＪＲＡへの登録を決意した。

いつもならば、この値段の馬はエリート街道のＪＲＡではなく、地方競馬に預けていた。

この馬ならばやってくれるだろう。

コパノハニーという名で関西の名門厩舎に入厩、そのまま順調にデビューに向けて調教が進むと思われた。

ところが疲れやコースとの合性の悪さもあったのか、ＪＲＡの栗東トレーニングセンター内の坂路コースで他の馬よりもはるかに遅いタイムで走る状態が続いた。

コンマ1秒を競うサラブレッドにとっては致命的なタイム差。

担当調教師はこの馬の潜在能力を信じ、これからも調教を続けることを願い出たが、コパさんは厩舎に迷惑をかけたくないという気持ちから、ＪＲＡで走らせることをあきらめ、地方競馬への転出を決めた。

風水の第一人者が移籍先に選んだのは地方競馬の中でもっとも小規模なひとつ、岐阜県の笠松競馬場。

名古屋から電車で30分ほどのところにある、ローカル色あふれる競馬場。

もちろん、施設や環境はJRAの栗東トレセンとは大きな差がある。

日本中を競馬ブームに巻き込んだ怪物オグリキャップ、のちにJRAで活躍するアンカツこと安藤勝己騎手の出身地として注目を浴びたこともあったが、近年は目立ったトピックスはない。

「JRAのあんな良い施設から移動してきて、馬だってわかるでしょう? 『私、どうなっちゃったの?』って」

コパさんは男勝りのプライドの高い愛馬の心理状態を憂慮し、彼女自身が輝きを戻せるように改名した。

こうして名付けられたのがラブミーチャン。

「自分を好きになって、自信を持とうよ」という願いを込めた名前。

この改名がよかったのか、方位が向いたのか、笠松の水があったのか、ここからラブミーチャンの快進撃が始まる。

わずか3か月の間に6連勝。

しかも、その中には、かつて夢破れてデビューさえできなかったＪＲＡの京都競馬場でのレースや、地方競馬の同世代の頂点を決める川崎でのＧⅠレースが含まれていた。

普通ならばありえないハードなローテーション。

だが、これはオーナーのコパさん自らが熱望したことだった。

「2歳の日本一にしてしまおう」

地元での2戦目に圧勝した時、この厳しいローテーションを決めた。

エリート街道に乗れなかったラブミーチャンのプライドを取り戻させようという馬主愛でもあった。

その想いにラブミーチャンは応えた。

オグリキャップ以来の笠松出身の全国的なスターが誕生したのだ。

牝馬ながら、川崎での2歳王者決定戦で牡馬を圧倒したラブミーチャンは地方の表彰馬を決めるＮＡＲグランプリにおいて、史上初めて2歳馬ながら年度代表馬に満票で選ばれた。

ＪＲＡでデビューできなかったか弱い牝馬が地方競馬のナンバーワンホースとなったのだ。

「神様からの頂きもの。だから、預かっている間に僕が何をするのか、神様も見ているんだろうね」

地方競馬にも数多くの愛馬を所有し、地方競馬の興隆をなによりも考えていたコパさんはその後、全国の地方競馬場の大レースにラブミーチャンを積極的に参戦させた。

北は北海道の門別競馬場から南は九州の佐賀競馬まで。

そのたびに全国の競馬ファンや地元の人々が地方競馬のアイドル・ラブミーチャンを見ようと駆けつけ、大盛況となった。

大きなケガもなく全国の競馬場を走り抜き、17勝を挙げたスーパーアイドル・ラブミーチャン。

２０１３年、６歳というベテランの域を迎え、競走生活のフィナーレが近づいてきた時、コパさんは最後の願いを彼女に託した。

それは東北大震災で被災した岩手競馬のレースに勝って、東北の競馬ファンに喜んでもらうことだった。

実は2011年の夏に一度遠征したのだが、JRAのエリート二頭の前に敗れていた。

それ以来2年ぶりの岩手でのレース。

今回もJRA勢五頭がエントリーしていたが、その五頭を尻目に、先頭でゴール。

表彰台でコパさんが万歳すると、岩手のファンが笑顔でそれに続く。

震災の直撃を受けた場所で歓喜の笑顔が花咲いた。

挫折した元エリートが最果ての地から這いあがり、スーパーアイドルに。

〝自分を信じ、愛した〟彼女のおかげで地方競馬も大いに潤い、ファンも喜びを分かち合うことができた。

誇りは取り戻せる。

ラブミーチャンは全国各地でそれを証明してくれた。

Episode

19

北関東の看板を背負って

エンジェルツイート×森泰斗

かつて北関東に3つの競馬場があったことをご存じだろうか。

足利、高崎、宇都宮……この3つの市内に競馬場があり、多くの関係者が暮らしていた。

特に高崎競馬は北関東エリアの中心として、JRA所属馬も参戦する群馬記念という大レースを開催し、その開催日には多くの競馬ファンを集めていた。

ところが、20世紀に入ると3場とも経営に苦しみ、累積赤字に耐え切れず、続けざまに廃止。

約80年続いた北関東エリアの競馬が、まるで初めからなかったかのように、完全に消滅してしまった。

そんな怒涛の廃止ラッシュの真っただ中にいながら、いまや日本を代表するトップジョッキーへと成長したのが森泰斗《もりたいと》騎手だ。

競馬と縁のない家庭に生まれたこともあり、競馬学校卒業後、地元に近い船橋競馬ではなく、ややノンビリした雰囲気のある北関東エリアを選んだ。

考え抜いた末の進路だったが、慣れない土地、慣れない仕事。

苦しい日々が続き、一度は騎手免許を返上してしまう。

その後、しばらくは本人曰く、〝自堕落な生活〟に。

しかし、その間に騎手という仕事の魅力、やり甲斐を痛感して、1年後に免許を再習得、復帰を果たした。

「いま思うと、辞めたことは正解だったと思います。この時期を経験していなければ、簡単に投げ出してしまっていたのかもしれません」

この挫折のおかげでプロ意識を身につけた森騎手だったが、そんな彼の思いを打ち砕くような出来事が続けさまに起こる。

所属する足利競馬場が廃止となったのだ。

交流のあった宇都宮競馬場に移籍をするものの、その2年後、今度は宇都宮が廃止となってしまう。

その間、北関東エリアを構成していたもうひとつの競馬場、高崎競馬場も廃止になっていた。

北関東の競馬関係者たちと交流のある競馬場はもはや存在しない。

実際、相次ぐ廃止の中で引退していく北関東所属の騎手も少なくなかった。

そんな中、地元・千葉にある船橋競馬場から声がかかり、なんとか騎手生活を続けることはできた。

だが、そこは地方競馬で最激戦区の南関東エリア。

潰れた競馬場から来た中堅騎手がつけいるスキはなかった。

北関東ではベストテンに入る戦績を残していたものの、移籍1年目は2ケタ勝つのが精いっぱい。

ランキングの上位30位にも入れなかった。

2年目、3年目になっても、その状況はあまり変わらない。

それでも一度挫折している男はあきらめなかった。

数多くの調教にまたがり、乗る馬を求めた。

その結果、移籍5年目にして、ようやく花形騎手の証ともいうべき年間100勝を達成。

それでも一流と呼ばれるには、まだ足りない要素があった。

それは大レースである重賞をとること。

実際、ファンの間では「実力がありながらも、重賞に縁がない」と一部で評されていた。

そのチャンスは意外なところからやってきた。

南関東に移籍して6年目、2011年の秋、急遽、重賞・平和賞で一頭の牝馬に、乗ることになった。

同僚の騎手の負傷欠場による、代打騎乗だった。

彼のパートナーとなったエンジェルツイートは、北海道からやってきた遠征馬。

地元では3勝を挙げてはいるが、南関東では未知数。

そのため、評価も7番人気と決して高くなかった。

レースが始まると、スピードを生かして先頭に立つエンジェルツイート。

その勢いは最後の直線に入っても変わらない。

意外な展開に南関東の猛者たちが必死に追うが、その差は詰まらない。

先頭を譲ることなく、そのままゴール。

北海道から来た道産子娘と北関東から来た中堅騎手のコンビが南関東の重賞の初制覇を成し遂げた。

「ゴールまで確信が持てなかったです。重賞に勝った経験がなかったですから」

偶然舞い込んできた乗り替わりでの優勝だったが、エンジェルツイートはこの直後、南関東移籍が決まる。

そして、このレースでの手綱さばきが認められ、森はそのまま主戦騎手に。

その年の大みそか、2歳女王を決める大井のGⅠに相当するレースで再びコンビを組むと、堂々と逃げ切り、優勝。

名実ともに南関東のトップジョッキーとなった。

「いまのぼくがあるのは、エンジェルツイートのおかげといっても過言でないと思います」

偶然のチャンスからつかんだ必然への道。

その後、まるで憑き物が落ちたかのように森騎手は勝利を重ね、重賞戦線でも頼れる騎手となっていく。

ついには南関東エリアで最多勝騎手になり、その翌年は全国最多勝騎手となる。

さらに２０１６年には大井でもっとも伝統のある重賞レースのひとつ、羽田盃を制覇して、うれし涙を流した。

勝ち馬を管理する水《みず》野《の》貴《たか》史《し》調教師もまた、かつて北関東を舞台に活躍した騎手だったからだ。

メディアは北関東コンビの偉業を大いに称え、記事にした。

騎手の道を一度諦め、廃止という厳しい現実に翻弄されながらもつかんだチャンスで結果を残し、一流騎手へと昇りつめる。

挫折をしても、あきらめない限り、夢を叶える道は途絶えない。

森泰斗騎手の半生は競馬関係者はもちろん、我々にも希望を与えてくれる。

Episode

20

奇跡の復活を称えた涙

トウカイテイオー×田原成貴

1993年12月26日。

クールな男として知られる名手・田原成貴《たばらせいき》騎手がゴール後、涙した。

なぜ大レースを何度も勝ってきた田原騎手が人目もはばからず泣いたのか？

それは彼が騎乗したトウカイテイオーが、人知を超えた奇跡の走りを見せたからだった。

さかのぼること5年前、この世に生を受けたいきさつも奇跡的な偶然が重なったものだった。

「トウカイ」の冠名で知られる、内村正則《うちむらまさのり》オーナーは愛馬であるオークス馬トウカイローマンに同期の七冠馬シンボリルドルフを種付けしようと準備を進めていた。

ところがローマンが引退レースで2着と好走したため、現役をもう1年続けることが決定。

浮いたシンボリルドルフの種付け権が急遽、ローマンの妹トウカイナチュラルに割り当てられた。

お姉さんの婚約相手と急遽、結婚したようなもの。

1年後、その二頭の仔として、トウカイテイオーが誕生した。

もしローマンが引退していたら……もしナチュラルがすでに交配を済ませていたら……のちに多くのファンを魅了するトウカイテイオーの〝帝王伝説〟は生まれていなかった。

1990年12月、トウカイテイオーは中京競馬場の新馬戦を4馬身差で圧勝。一躍、注目の存在となり、その後、無敗の5連勝でGⅠ皐月賞を制し、親子2代制覇を達成。

さらにダービーも制覇し、二冠馬に。

当然のことながら、親子2代の三冠馬誕生の期待がファンの間に高まった。

ところがダービーの表彰式を終え、競馬場内の馬房に戻る際、歩様《ほよう》（歩き方）に異常が認められたため、診療所へ。

診察の結果は左後脚の骨折。

菊花賞を走ることなく三冠馬の夢を断たれた。

スピードを競うサラブレッドにとって、骨折というリスクはつきものだ。

しかも程度によっては即引退となりかねない。
また復帰したとしても、かつてほどの競走能力が保てなくなってしまうケースも多い。

しかし、トウカイテイオーは1年後のGⅡ大阪杯で復帰するや、あっさりと勝利。無敗の連勝記録も7と伸ばし、二冠馬の貫録をみせつけた。

さらなる連勝を目指し、GⅠ天皇賞・春に挑んだが、ここでは5着に沈み、連勝記録が途絶えた。

10日後、右前脚の骨折が判明。

2度目の骨折休養を余儀なくされ、再びターフから遠ざかることとなった。

2度目の復帰はGⅠ天皇賞・秋だった。

長期休養明けにも関わらず快勝した半年前のシーンを見ていたファンたちによって1番人気に支持されていたテイオーだったが、7着と初めて掲示板にも乗らない着順に終わった。

2度の骨折、7連勝からの2連敗。

さすがのファンもこの敗戦で意識を変えざるを得なかった。

2戦目のGⅠジャパンカップでは単勝10倍、5番人気という自身最低の評価を受けた。

英ダービー馬を始め、世界の強豪がそろったこと。

さらに過去11回で父シンボリルドルフを含む2回しか日本馬が勝っていないという現実。

とはいえ、骨折前のテイオーであれば、もっと上位人気だったに違いない。

そして、この評価に帝王が牙を剥いた。

ファンの低評価をよそに、トウカイテイオーは最後の直線で先頭に立つと、そのままゴール。

終わってみれば、ジャパンカップ史上初の親子制覇という偉業を成し遂げた。

まさに奇跡の勝利。

だが、年末のスーパーGⅠ有馬記念で大敗。

さらに翌年、春のGⅠ戦線に臨む直前に3度目の骨折が判明。

またもや、長い療養生活に入らざるを得なかった。

3度目の復帰戦は前年に生涯最低の11着に敗れた因縁のGⅠ有馬記念。

ファンの人気投票で出走馬を決めるこのレースにトウカイテイオーは4位で選出され、改めて人気の高さを感じさせたが、彼が休養している間にトップホースの勢力図は大きく変わっていた。

単勝オッズは4番人気。

1年ぶりの復帰戦、しかも強豪ぞろいのスーパーGⅠ。

常識的にも勝ち負けは難しい。

ゲートが開き、好スタートをみせたテイオーだったが、やや後方に控える。

3コーナーから徐々に上位に進み、好位にいた有力馬たちの集団に加わる。

迎えた直線、先に抜け出したのは1番人気のビワハヤヒデ、それをトウカイテイオーが追う。

壮絶な追い比べの末、テイオーが半馬身リードでゴール。

「トウカイテイオー、奇跡の復活！　1年ぶりのレースを制しましたトウカイテイオー、田原成貴！　トウカイテイオー、ミラクル！　こんなことがあるんでしょうか！」

実況アナウンサーも驚く364日ぶりの長期休養明けＧⅠ勝利。

いまだ破られることのない不世出の記録。

何頭もの名馬にまたがり、幾度となく大レースを制しているベテランの田原成貴騎手もこの勝利に涙した。

「この勝利は、日本競馬の常識を覆したトウカイテイオー、彼自身の勝利です。彼を褒めてやってください」

誰もが奇跡の復活に心を震わせた。

3度のケガを乗り越えた不屈の馬。

七冠馬である父シンボリルドルフに成績では及ばないものの、波乱に満ちた競走生活でファンの心を掴んだ。

奇跡の復活を成し遂げた姿に人は自らを重ね合わせた。

あきらめない先に奇跡はある、と。

Episode

21

異国で頂点に立った道営馬の底力

コスモバルク×岡田繁幸

あらゆるジャンルにおいて、海外挑戦はリスクが伴う。

それはもちろん競馬の世界も同じ。

ディープインパクト、オルフェーヴル……競馬ファンならずとも聞き覚えがある、日本最強と呼ばれたトップホースたちでさえ、海外ＧⅠ制覇の夢は叶わなかった。

ＪＲＡのエリートでさえなかなか越えられぬ大きな壁。

しかし、ＪＲＡに比べて施設も馬のレベルも高いとはいえぬ地方競馬のひとつ、ホッカイドウ競馬の所属馬が海の向こうで壮大な夢を果たした。

今なお、道営の英雄として愛される伝説のヒーロー、コスモバルク。

彼は一人のホースマンと出会い、導かれ、栄光をつかんだ。

生まれた時は、さほど期待された存在ではなかった。

種牡馬として結果を出していない父、兄弟や親戚にも活躍馬がいない地味な血統。

購買価格も４００万円というリーズナブルな値段。

だが、買い主は彼の才能を見出していた。

「安い馬ということもありましたが、即断即決できるくらい魅力ある馬だったことは間違いないですね」

「最初からかなりの活躍をすると感じました」

この馬に目をつけた生産者兼オーナーの岡田繁幸《おかだしげゆき》氏はのちのインタビューでこう語っていた。

馬産地で〝馬をみる天才〟と呼ばれる男が惚れ込んだ素質馬。

岡田氏はＪＲＡの馬主資格も地方競馬の馬主資格も持っているため、通常ならば賞金が高く、環境のいいＪＲＡに馬を預けるのがセオリー。

だが、コスモバルクはオーナーサイドの強い希望でホッカイドウ競馬の所属となった。

それは当時の地方競馬の状況によるものが大きかった。

ハイセイコー、オグリキャップなど、地方競馬出身のスターたちが競馬ブームを作った時代はすでに過去のものになっていた。

どの地方競馬場も売り上げが頭打ちとなり、賞金も下がり、実力馬がなかなか入ってこないという苦しい状況が続いていた。

「地方競馬の人たちに夢を持たせたい」

岡田氏はそんな現状を打破するために、コスモバルクをあえてホッカイドウ競馬でデビューさせた。

門別競馬場で4戦2勝2着2回という成績を残すと、ホッカイドウ競馬所属のまま、ＪＲＡへと殴り込みをかけた。

ダートから芝に主戦場が変わったのにも関わらず、コスモバルクは中央のエリートたちを相手に3連勝を挙げ、地方競馬の関係者たちに明るい希望を与えた。

岡田氏の当初の目的は果たせた。

あとは競馬界の勲章であるＧＩ制覇だけ。

ところが、その舞台では結果が出せなかった。

ふたつのＧＩレースで2着に迫るものの、優勝までには至らず。

地方所属のため、最初からＧＩ出走権のあるＪＲＡ所属馬と違い、ステップレースで好成績を上げないと出走することすらかなわない。

地方を代表する馬として、多くのファンに愛され、関係者に期待されていたものの、制度の壁にも阻まれ、苦しい時期が続いた。

そんなさなか、海の向こうからうれしい便りが届いた。

GIシンガポールエアラインカップから日本代表として招待されたのだ。

タイミング的にも国内で走るのに適当なレースがなかったこともあり、陣営は受諾した。

地方競馬の所属馬が異国の地で国際GIレースを走る。

このことだけでも地方競馬の関係者にとっては夢のような話。

地元シンガポールを含め、世界7か国の十三頭が一堂に会した国際色豊かなレース。

陣営は鞍上をコース慣れしている外国人騎手に頼らず、ホッカイドウ競馬時代から主戦を務める五十嵐冬樹《いがらしふゆき》騎手にすべてをゆだねた。

レースが始まった。

3番人気のコスモバルクは逃げる1番人気の馬をマークするように、終始2番手を追走。

そのまま4コーナーまで大きく隊列が変わらぬまま、最終コーナーを通過。

勝負は直線での追い比べになった。

馬群がぐっと詰まった中、外からコスモバルクが抜け出してきた。

「コスモバルク、がんばれ！」

日本の実況アナウンサーが絶叫する中、完全に先頭に立った。

「世界の舞台で念願のGⅠ制覇、コスモバルク！」

かくして、日本競馬史上初、地方競馬所属馬による海外GⅠ優勝は達成された。

岡田氏が目指していた地方競馬の調教師、騎手、厩務員……関係者へのでっかいプレゼント。

自分たちの居場所からでも世界で活躍することができる。

このメッセージが、その後の地方競馬の活性化に大きく影響したことは間違いない。

「勝った時は頭の中が真っ白になりました」

ホッカイドウ競馬のリーディングジョッキーの五十嵐騎手すら、我を忘れる歴史的な勝利だった。

このGⅠ制覇を名刺代わりにコスモバルクはＪＲＡのGⅠレースに果敢に挑戦していく。

そして、8歳まで走り続け、GⅠ挑戦通算23回という競馬史に残る大記録を打ち立てる。

わずか400万円で取引され、地方競馬所属というエリート街道から逸れた馬が海外でGⅠホースとなり、その後も地方競馬の夢を乗せて走り続けた。

「このような成績が残ることは奇跡に近いことだと思っています。これからは牧場におりますので、いつでも会いに来てください」

翌年、岡田氏は引退式でこう述べ、実際に自分の牧場で功労馬として、ファンと自由に触れ合わせている。

またホッカイドウ競馬では彼の偉業を称え、コスモバルク記念というレースが創設された。

400万円の馬が、歴史を変え、未来への道を切り開いた。

どんな環境だろうと、どんな評価であろうと、誰にでも逆転のチャンスはある。
そのきっかけは自らを信じてくれる人との出会い。
コスモバルクは私たちに身を持って教えてくれた。

Episode

22

トップジョッキーが夢見た ひとつの勝利

アグネスフライト×河内洋

約8000頭の中からその年に生まれた同世代の頂点を決める〝競馬の祭典〟日本ダービー。

優勝賞金2億円、売り上げ100億円以上、観客10万人以上。

3歳の春、選ばれし十八頭だけが走ることを許される、一生に一度の大舞台。

サラブレッドはこのダービーを勝つために生まれてきたといっても過言ではない。

すべてのホースマンが人生をかけて挑むドリームレース。

あらゆる大レースに勝ってきた一流騎手さえ、ダービージョッキーの称号にこだわる。

20世紀最後となる2000年のダービーに、誰よりも強い気持ちで臨んでいた一人の騎手がいた。

その男の名は河内洋《かわちひろし》。

通算成績2111勝、GⅠ22勝という大記録を持つトップジョッキー。

ところが、なぜかダービーだけには縁がなかった。

この時も実に17度目の挑戦だった。

ダービーに出走するチャンスは年に一度。

しかも、その世代を代表する活躍馬に巡り合えなければ参加することすら叶わない。

加えて、45歳というアスリートとしては晩年の年齢。

このレースこそラストチャンス……そんな思いだったに違いない。

なぜならば、この年にダービーを目指すうえで、最高のパートナーに出逢えていたからだ。

その馬の名前はアグネスフライト。

祖母、母ともにＧＩ馬で父は日本最強の種牡馬と呼ばれるサンデーサイレンス。

華やかな血統背景に加え、このコンビでここまで4戦3勝という、これまた抜群の成績を残し、堂々とダービー出走を決めていた。

河内騎手のダービーにかける思いの強さを感じさせるエピソードが残っている。

人格者として多くの関係者からリスペクトされていた彼だが、この年のダービーだけは公式以外の取材をすべて断った。

ダービーフェスティバルという直前に行われた公式イベントでも「思い出のダービー馬は?」という質問に「今年のダービーを思い出にしたい」と言葉少なに答えたのみ。

当日も河内騎手ほどの一流ジョッキーならばメイン前のレースへの騎乗依頼が殺到するはずなのだが、この日の騎乗はダービーのみ。

すべてを断って、ダービーに挑む状況に自らを追い込んだ。

河内騎手が栄光をつかむ瞬間が観たい。

アグネスフライトはGⅠレース初出走ながら、競馬ファンたちの熱き想いによって、3番人気という高い支持を得た。

最大のライバルは武豊騎手が乗るGⅠ皐月賞馬エアシャカール。

実は武豊騎手も天才の名をほしいままにしながら、10年近くダービー制覇を果たせなかった。

ところが一昨年に悲願の初制覇を果たすと、昨年も勝利して、一躍〝ダービー男〟と呼ばれる存在となっていた。

皮肉なことに、この二人はかつて同じ厩舎に所属した兄弟弟子という関係。武騎手が新人のころ、調教技術や競馬人としての心得を教えたのは人格者として知られる河内騎手だった。

武豊騎手自身も若い時期に河内騎手の影響を大いに受けたと公言している。

兄弟子の悲願の初制覇なのか？

それとも、弟弟子の史上初の3連覇なのか？

ファンの注目が集まる中、67回目のダービーのゲートが開いた。

ハイペースの中、武豊騎手とエアシャカールは後方4番手、河内洋騎手とアグネスフライトは最後方から。

中盤に入ってもペースは変わらない。

後ろで力を貯めている両馬には有利な展開。

その利を十分活かして、1番人気エアシャカールが武豊騎手のゴーサインとともに前に迫ると、最後の直線の半ばで先頭に立つ。

武豊のダービー三連覇か……誰もがそう思った瞬間、外から風を切り裂く一頭の馬が現れた。

このレースにすべてをかけた河内騎手を背に、アグネスフライトが強烈な脚で追い込んでくる。

残り100メートル、兄弟子と弟弟子の騎乗する二頭が馬体を合わせたまま、激しいデットヒートを演じる。

テレビ中継の実況アナウンサーは二人の激しい追い比べをこう表現した。

「河内の夢か、豊の意地か？」

同じ瞬間、ラジオの実況アナウンサーもこう伝えた。

「さあ、河内の夢はどうだ！」

同じレースの実況とはいえ、まったく別の場所にいる二人のアナウンサーが〝河内の夢〟と叫んだ。

それはこのレースを観るすべての人の想いでもあった。

その気持ちが届いたかのように、残り10メートルで両馬の馬体が重なる。

はた目にはどちらが勝ったかわからないほどの僅差。

しかし、鞍上の二人はわかっていた。

ゴール後、静かに手を挙げた河内騎手。

そこに武豊騎手が近づいた。

「おめでとうございます！」

弟弟子からの祝福の言葉にホッとする兄弟子。

写真判定の結果、7センチというわずかな差でアグネスフライトが先着。

〝河内の夢〟が現実のものとなった。

45歳にして到達したダービージョッキーの称号。

待ちに待った悲願達成の瞬間。

ウィナーズサークルに戻ってきた河内騎手に「カワチ！　カワチ！」と、10万人以上の大観衆から祝福のコールが起こる。

普段はクールな河内騎手がその声に応えるように笑顔で右手を高々とあげた。

「全身の力が抜けたような感じで……チャンスだと思っていたので、勝つことができてよかったです」

まるでルーキーのようなたどたどしいコメント。

いかにこの一戦にかけていたのかが垣間見える勝利インタビュー。

17回目にしてようやく待望のダービージョッキーの称号を手にした大ベテラン、その目にはうっすらと涙がにじんでいた。

3年後にムチを置いた河内は調教師へと転身。

今度は馬を育てるトレーナーとして、ダービーを目指す。

これまで騎手と調教師の両方でダービーを制覇した者は誰もいない。

〝河内の夢〟と再び実況が叫ぶ日は遠くない。

Episode

23

史上初の茨城産ダービー馬を生んだ情熱

ウィナーズサークル×栗山博

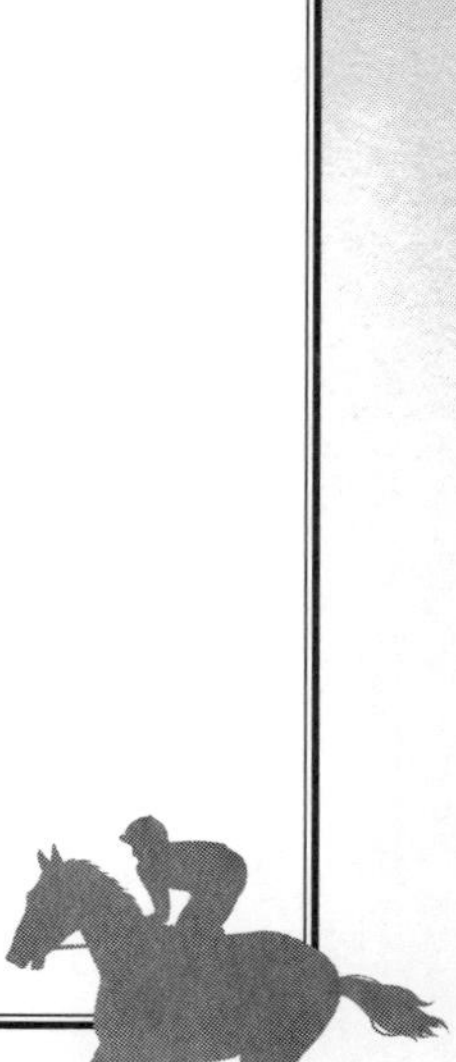

県内に牧場が数多く存在することから、茨城県生まれのサラブレッドは数多くいると思われがちだが、実情は全く異なる。

日本全国で1年間に8千頭ほどが生まれるが、9割以上は北海道産が占め、茨城県産の馬は数十頭程度に過ぎない。

その理由は明確だ。

県内のほとんどの牧場がJRAの競走馬が住む美浦トレーニングセンターの近くに位置し、トレセンの代用施設として調教する〝育成〟牧場であったり、あるいはレースで疲れた馬を休養させるための〝休養〟牧場だからだ。

繁殖牝馬と呼ばれる子供を産むお母さん馬たちがいる〝生産〟牧場とは一線を画す。

だが、競馬に関わるものにとって、自分で生産した馬で大きなレースを勝つことは共通の思い。

育成を主軸としながらも、自分の手で強い競走馬を生み出すことを夢みる牧場主も皆無なわけではない。

そのひとつが茨城の名門・栗山牧場だった。

牧場主の栗山博《くりやまひろし》氏は十頭以上の繁殖牝馬を自ら所有し、大きなレースを勝つことを目指していた。

「なんとか北海道産に負けない馬を！」

自らの生産馬も含め、これまで茨城産の馬で目立った活躍馬はいないが、過去にさかのぼれば千葉の下総御料牧場、岩手の小岩井農場で生まれた本州出身のダービー馬は存在していた。

いまやそれもひと昔以上前の話。

年を追うごとに馬産の中心は北海道へと移り、本州では種付け相手を探すだけでもひと苦労という時代が到来していた。

栗山オーナーが相談したのは三冠馬ミスターシービーをはじめ、数々の活躍馬を育てた名トレーナー・松山康久《まつやまやすひさ》調教師だった。

自分の厩舎に入る血統を選ぶのであれば……という観点から松山師は配合相手に長距離血統の芦毛馬シーホークを勧めた。

ホースマンの大目標である日本ダービーの舞台、東京競馬場を走り抜くスタミナ、前向きな性格が重要。

生まれてくる子供の傾向をしっかりと見極めたうえでの提案だった。

こうして栗山牧場で生まれたのが、のちにウィナーズサークルと名付けられる一頭の牡馬だった。

その第一印象を松山師はこう評した。

「伸びがあって頭は軽くできていて、非常にバネのある馬」

親離れして他の馬たちと走り回るようになると、その評価はさらに高まった。

「ひときわ抜けていた。子供のころから風格があったね。他の馬が暴れているときも堂々として雰囲気があった」

名伯楽が考え抜いた配合、さらに走る姿も合格点。

普通に考えれば、このあとはエリート街道まっしぐら、のはずなのだが、デビューしてからのウィナーズサークルは苦戦の連続だった。

新馬戦であっさり敗れると、初勝利を挙げるまでに半年以上もかかり、GI皐月賞も賞金不足のため、抽選でなんとか出走を果たすというギリギリの状態。

とても順調とはいえない成績だった。

皐月賞に運よく出られたものの、このままではダービー出走など夢のまた夢……と思われたところに幸運が舞い込んだ。

皐月賞が悪天候で不良馬場となったため、ドロンコ馬場を得意とするウィナーズサークルはなんと7番人気ながら2着に好走。

5着以内に与えられるダービーへの優先出走権を得たのだ。

「迂回しながらも焦点をピタッと合わせることができた」

ここまでは想定外の連続だった。

ここからは目指していたダービー制覇に向かってまっすぐに進める。

このダービー直前の時期は厩舎スタッフも馬もハツラツとしていたと松山師はのちに語っている。

そして、迎えた第56回日本ダービー当日。

ウィナーズサークルの評価は3番人気。

これはこれまでの2勝がダートであり、皐月賞もドロンコ馬場だったため、良馬場のダービーでどこまでやれるのかを疑問視されたからだ。

さらにもうひとつ、〝芦毛馬はダービーに勝てない〟というジンクスも人気を下げる要因となった。

事実、過去55回のダービーで芦毛馬は一頭もいなかった。

10万人以上の観客が見守る中、ダービーのゲートが開く。

ウィナーズサークルはダービーポジションと言われる7、8番手を追走。

これまた陣営の狙い通りだった。

「スタートからゴールまで全然楽で、声を出す暇もなかったよ。位置取り、手ごたえ、折り合いは申し分ありませんでした。4コーナーを回った時は、追ったら来るぞという気がしていた」

その言葉通り、直線で前を行く馬を次々と捕らえ、真っ先にゴール。

史上初の茨城産、かつ史上初の芦毛のダービー馬が誕生した瞬間だった。

まるで芦毛馬に対する呪縛が解けたかのように、この後、オグリキャップ、メジロマックイーン、ゴールドシップなど競馬ファンはもちろん、社会現象として認知されるような歴史的な芦毛馬が続々と生まれてくる。

「感動したね。絵にかいたようなドラマだね。自分で気に入った種牡馬を配合していただいて、自分で育成、調教、レースに関わることができて調教師冥利に尽きます」

栗山氏の茨城産馬への想いが、松山師に伝わり、師のこだわりが、ダービー制覇という大輪の花を咲かせた。

〝ウィナーズサークル〟とは勝利した陣営が表彰される場所。

ダービーの日、陣営は笑顔とともにその舞台にいた。

信念が生んだ勝利が数々のジンクスを破り、新たな歴史の扉を開いた。

Episode

24

どん底から復活の大ジャンプ

マイネルホウオウ×柴田大知

ＫＫコンビ、松坂世代……スポーツの世界には〝黄金世代〟と呼ばれる時代の申し子たちが存在する。

競馬の世界も然り。

のちに〝花の12期生〟と呼ばれる競馬学校の生徒たち。

そこには天才騎手・福永洋一《ふくながよういち》の長男・福永祐一《ゆういち》を筆頭に、細江純子《ほそえじゅんこ》らＪＲＡ史上初の女性ジョッキー三人などが在籍し、かつてない華やかな世代と称された。

そして、その中にさらなる注目の存在として柴田大知《しばただいち》、柴田未崎《みさき》という双子のジョッキーの卵がいた。

もちろん、こちらもＪＲＡ史上初の双子騎手。

話題性が先行しがちな中、注目の双子は1年目からしっかり勝利を重ねた。

特に兄の大知は1年目にして30勝近くをあげる快挙。

翌年には騎手の最初の大目標である重賞制覇も果たし、順風満帆なスタートを切った。

「結果を出していないのに双子というだけで騒がれるのは嫌だった」

ところが厩舎所属からフリーとなり、新人に与えられる減量の特典がなくなると、次第に勝ち星から遠ざかるようになる。

3年目以降はデビュー年の白星を下回る成績が続き、気が付けば3年間にわたって未勝利という苦しい状況に。

乗せてもらう機会を求め、障害レースにも騎乗するようにしたが、それでもなかなか乗り鞍は増えない。

しかし、生真面目な大知が諦めることはなかった。

時間の許す限り厩舎を回り、可能な限り調教に参加した。

存在を覚えてもらい、まだまだ乗れることをアピールする。

会社でいえば、外回りの飛び込み営業。

だが、努力はなかなか報われなかった。

「成績の出ていない騎手、乗り鞍の少ない騎手を乗せたいとは誰も思いませんもんね」

大知騎手自身もこの苦しい状況が容易に変わるとは思ってなかった。

ところが競馬の神様は地道に努力を続ける男を見放さなかった。

デビュー12年目、大きなチャンスが訪れた。

新潟のメインレースに乗る機会を得たのだ。

この機会に恵まれたのには理由があった。

格上挑戦のため、49キロという軽いハンデが与えられ、この重さで乗ることのできる騎手がごく限られているためだった。

人気薄の軽ハンデ馬という、勝負になるとも思えない条件。

それでも大知騎手とっては大レースに乗れるまたとないチャンス。

苦しい減量の末、このレースに出走したところ、8番人気という低評価にも関わらず、有力馬を相手に2着と好走した。

この馬のオーナーであり、数多くの愛馬を走らせるミルファーム代表の清水《しみず》 敏《さとし》氏がこのときの騎乗を絶賛した。

以来、積極的に愛馬に乗せるだけにとどまらず、多くの馬主に柴田大知騎手を〝乗れる騎手〟として紹介した。

これをきっかけに大知をとりまく環境は大きく変わった。

騎乗機会が増え、乗る馬のレベルも上がった。

騎乗数に限りがある障害レースだけでなく、平地のレースにも乗るようになった。

特に清水代表の紹介で出会った〝マイネル軍団〟と呼ばれる競馬界の一大勢力を率いる総帥・岡田繁幸氏に認められたことで、GIレースへの出走機会が一気に増えた。

そして、迎えた2011年7月。

東北大震災のため延期になっていた中山グランドジャンプで、柴田大知はついにマイネルネオスとともにGIウイナーとなる。

レースが終わり、勝利騎手インタビューが始まった。

インタビュアーからGI初制覇の気持ちを聞かれると、それまでグッとこらえていた表情が崩れ、とめどなく涙があふれた。

「1勝もできない時があって……騎手を辞めなくてよかったです」

どんなに苦しくてもあきらめなかった男が手にした栄冠。

だが、大知騎手の躍進はこれだけではなかった。

その2年後、平地レースの最高峰レースのひとつ、GⅠNHKマイルカップをマイネルホウオウで優勝したのだ。

何年も1勝さえできなかった騎手がGⅠジョッキーになるという、長いJRAの歴史の中でもみられることのなかった大復活劇。

この勝利は弟・未崎の心にも火をつけた。

デビュー後、兄と同じく勝てない日々が続いた弟はいったん騎手の夢をあきらめ、厩舎のスタッフに転職していた。

ところが兄の復活劇に感動し、再び騎手として生きる道を選んだ。

3年のブランクを経て、騎手試験に見事、再合格。

柴田ツインズが再びターフに戻ってきた。

「やはり大知の活躍が大きかったですね。中山グランドジャンプに勝ったあたりから、自分もジョッキーとしてやれることがもう少しあったのではないか、と考えるようになりました」

かつて、花の12期生の一員としてアイドル的な注目を集めた双子の騎手が紆余曲折の末、新たな形でそれぞれの騎手道を究めようとしている。

「ひと鞍ひと鞍しっかりと結果を出して、周りに納得してもらえる騎乗をしていきたいです」

馬に乗せてもらうことの大変さを知る男はトップジョッキーとなった今も謙虚だ。だが、今のままで甘んじるつもりもない。

「大きな目標としては（マイネルの）岡田社長の馬でダービーを勝ちたいです。以前は縁のないレースで、乗ること自体まずないだろうと感じていましたが、ここ数年乗せていただいて、いつか勝てるんじゃないかという気がし始めています」

どん底から這い上がった男がさらなる頂きを目指す。

その歩みは決して速くはないが、多くの仲間に支えられた恩を返すべく、一歩一歩、着実に荒野の〝大地〟を進んでいく。

Episode

25

夢を叶えるために必要なこと

ジャスタウェイ×大和屋暁

「口に出せば夢は叶う」

なかなか信じがたい言葉。

しかし、この想いを突き通したオーナーの元、世界ナンバーワンホースまで昇りつめた馬がいる。

その馬の名はジャスタウェイ。

オーナーの大和屋《やまとや》暁《あかつき》氏は『銀魂』など数々の人気アニメを担当する人気脚本家。

学生時代から馬主になりたいと公言していた彼は、脚本家として一本立ちしたのち、一頭の馬に共有出資する。

ハーツクライと名付けられたその馬は日本最強馬と呼ばれたディープインパクトに勝利し、ドバイでもGⅠを制覇。

何百頭もいる馬の中から選んだ馬がスーパーGⅠホースとなったのだ。

この時点ですでに競馬ファンがうらやむほどの強運。

だが、彼の馬主人生にとっては序章に過ぎなかった。

ドバイでの口取りに参加した大和屋オーナーは、この勝利で馬主への想いを募らせる。

ハーツクライの引退パーティーの時、馬主になることを〝口に出した〟彼は条件をクリアすべく仕事に没頭し、かねてからの夢であった馬主資格を取得した。

さらにハーツクライの子供がほしいと、血統のいいハーツ産駒が上場されるセレクトセールに単身、乗り込んだ。

そこでハーツクライの子供がセリ場に登場するや、積極的に手を挙げ続けた。

その中で落札したのが、のちに世界一の馬となるジャスタウェイだった。

決して、調べに調べ、絞りに絞った一頭ではなかった。

「馬を見る目はまったくないです。ハーツクライの子供がほしいと思って馬主資格をとって、セリに行って」

自身、そう回想するが、夢を〝口に出〟し、実現する流れは止まらなかった。

アニメ『銀魂』に登場するキャラクターにちなんでジャスタウェイと名付けられた馬は翌年の新馬戦で圧勝すると、瞬く間に重賞も勝利。

その後、惜しいレースが続くが、大器晩成タイプの父と同じく古馬になって、さらなる活躍をみせる。

ついにはすべての馬主の憧れであり、常々、大和屋オーナーが〝口に出してぃた〟GⅠ制覇を達成。

奇しくも父ハーツクライにとっても種牡馬になって初めてのGⅠ奪取。

この勝利をきっかけに大和屋オーナーは馬主になる夢を募らせたゆかりの地、ドバイへの遠征を決意する。

「結構前から（管理する）須貝《すがい》調教師に『行きたい』と言っていました」

今度は〝口に出した〟ドバイ挑戦が実現。

オーナーにとって初めてGⅠの口取りをした思い出の場所。

ジャスタウェイにとっても偉大な父が世界にその強さを見せつけた地。

奇跡のドラマへの布石はあった。

出走するドバイデューティーフリーには世界各国から強豪が参戦していた。

競馬母国イギリスが誇るGⅠ馬、南アフリカの6戦無敗馬など、世界のトップクラスが約3億円という高額の賞金を狙って、はるばる中東の地へと集まっていた。

日本からもジャスタウェイの他にGI馬ロゴタイプ、トウケイヘイローなど2頭がエントリー。

まさに世界一を決めるにふさわしいメンバー。

レースが始まった。

ジャスタウェイは後方から、前を行く集団を追う。

隊列が大きく変わらぬまま、最後の直線へ。

そこで終始後方ににいたジャスタウェイが大外から捲ってきた。

初めての海外、初めてのコース……初物づくしをものともせず、豪脚を繰り出すと、残り200メートルのところで早々と先頭に。

グングンと加速し、終わってみれば6馬身という大差勝ち。

鞍上の福永祐一騎手もゴールするや自然に笑みがこぼれる。

「これで世界ランキング1位でしょう」

日本のみならず、海外の大レースを何勝もしている名手が想いを〝口に出す〟。

1年後、その言葉が現実となった。

栄誉あるＪＲＡ賞の表彰が決まったジャスタウェイに、さらなる吉報が海外から届いたのだ。

それは世界ランキング1位と、その表彰式への招待の連絡だった。

1年間を通じて、世界でもっとも強いレースをした一頭だけに贈られる最高の名誉。

学生時代から「馬主になる！」と公言し、馬主になってからは「ＧⅠをとる！」と想いを口に出し続けていた大和屋オーナーは愛馬ジャスタウェイに導かれ、ついに世界一の馬主になった。

もちろん日本人としては初めての快挙。

「口に出すことによって、人間はそのことを考えるようになる」

「具体的なアクションが発生する」

著書『ジャスタウェイな本』に彼はこう書き記している。

もちろん、強運なくして、ジャスタウェイとの出会いはなかった。

しかし、そこに至るまでに様々な努力と葛藤と決断があったはず。

競馬の神様はそんなオーナーの姿に微笑んだ。

大和屋オーナーは２０１６年のセレクトセールで、生まれたばかりのジャスタウェイの初年度産駒を購入した。

しかも、最初に上場された馬に迷うことなく手を挙げての落札。

6年前とその想いは変わらない。

好きな馬の子供がほしい。

ただ、それだけ。

早ければ2年後にはジャスタウェイの子供が競馬場を走ることになる。

大和屋オーナーの想いが生んだハーツクライ、ジャスタウェイとつらなる血のロマン。

一流の脚本家でもある大和屋オーナーは、次なるストーリーではどんな想いを〝口に出して〟くれるのだろうか？

その物語はまだまだ終わりそうにない。

Episode

26

騎手と愛馬の幸せな関係

田中博康×シルクメビウス

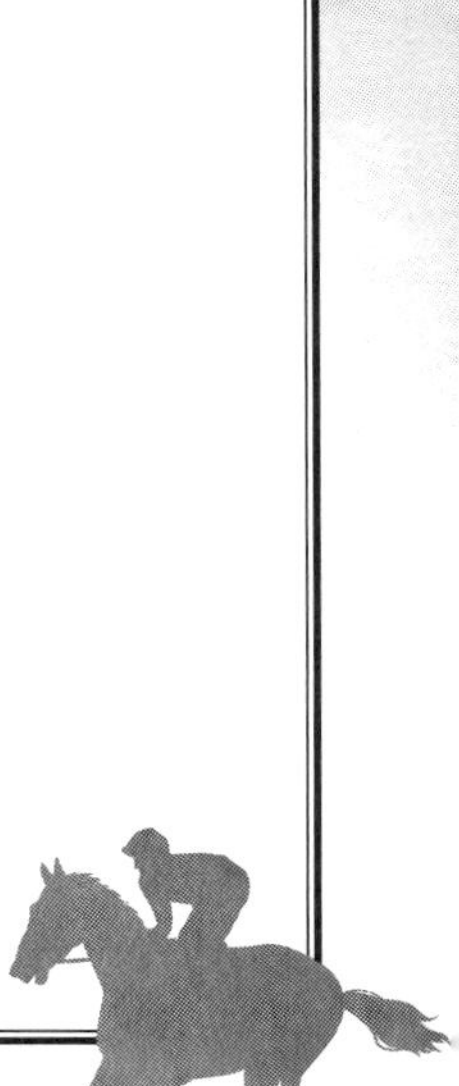

関わった全ての人に愛情を注いでもらった幸せな馬。

それがシルクメビウスだ。

彼にはデビュー前からすでに５００人のファンがいた。

その理由は〝一口馬主〟と呼ばれる共有システムの馬だからだ。

シルクホースクラブが２００７年に募集したラインナップに載っていた一頭。

日高の名門牧場・坂東牧場の提供で一口3万円という比較的リーズナブルな価格で募集された。

父のステイゴールドはいまでこそ三冠馬オルフェーヴルを送り出した名種牡馬だが、当時はまだそれほど大物の産駒《さんく》（子供）を出してはいなかった。

母系も同じくそれほど派手とは言えない一族。

それでも数々の活躍馬を輩出する領家厩舎の所属、かつ名門牧場の提供馬ということもあってか、５００口がすぐに満口になる人気ぶりだった。

そして、募集から1年後、その５００人の期待に応える走りを見せた。

デビューしてから2戦ほどは足踏み状態だったが、3戦目に芝からダートコースに路線変更するや、快進撃を開始。

そんな中、最高に相性のいいパートナーとも出会う。

その相棒の名は田中博康《たなかひろやす》騎手。

真面目な性格、かつクレバーな騎乗で定評があり、〝タナパク〟と呼ばれる若武者がメビウスにまたがるや、怒涛の3連勝を成し遂げるのだ。

しかも、その中には重賞のユニコーンステークスも含まれていた。

これは田中騎手にとっても、うれしい重賞初制覇。

若いメビウスとタナパクのコンビはダート戦線に欠かせない存在となっていった。

その後もダートGI戦線を中心に戦い、さらにふたつの重賞、2回のGI2着という好成績を残したメビウスと田中博康騎手。

このまま順調にいけば、夢のGI初制覇も夢でないと思われたが、5歳の春に脚部不安を発症し、長い休養生活に入ってしまう。

重賞を3勝し、GIにもう少しで手が届く有力馬。

「クラブの顔でもあるこの人気馬が競馬場で走る姿をもう一度見たい」と陣営はあ

らゆる治療を施した。

少しでも脚元に負担をかけないよう、北陸のプール調教のできる牧場にまで移動させてみたり、温泉療養を試してみたり。

しかし、脚元の状態は一進一退。

厩舎に戻せそうな回復ぶりをみせては、また不安な状態に……というもどかしい時間が続いた。

そして、その休養期間が2年にも及んだため、ついに陣営も苦渋の決断を下した。

「今後について検討を行った結果、前走からすでに2年以上が経過している以上、このまま現役を続けても出資会員の皆様のご負担が増えるばかりとなってしまう可能性が高いこと、また年齢的にも今後の上積みを期待するのは難しい状況であることも考慮して、まことに残念ではございますが、このまま引退させることと致します」

重賞3勝という勲章はあるものの、種牡馬になるにはちょっと実績が足りなかった。

そんなメビウスをクラブに提供した坂東牧場が引き取った。

実は、坂東正積《ばんどうまさかず》社長は活躍したシルクメビウスにもうひと花咲かせようと、あるプランを温めていた。

それは、生まれ故郷の北海道で開催されているホッカイドウ競馬での復帰。

依然として脚元に不安はあるものの、日本一のレベルであるＪＲＡのダート戦線に比べればレースでの負担は少ない。

加えて、競馬場の隣に厩舎があり、坂東牧場も競馬場から車で10分程度のため、何かあってもすぐに治療が施せる。

なによりも2年間待ち続けたファンにもう一度、メビウスの雄姿を見せてあげたい。

坂東牧場での必死のケアが始まった。

脚元と相談しながらの治療と調整が繰り返された。

そこには遠方からわざわざ駆けつけた田中康博康の姿もあった。

この馬をもう一度、陽の当たる場所へ。

メビウスに関わる全ての人が彼の復活を願った。

坂東社長の願いが叶い、２０１３年８月、シルクメビウスは門別競馬場のコース上にいた。

実に２年３か月ものブランク。

脚はまだ完治したわけでもない。

しかし、その輝きは失っていなかった。

圧倒的な１番人気に応えて、見事快勝。

地方の１レースに過ぎなかったが、この復活勝利を全国紙のスポーツ新聞も明るいニュースとして伝えた。

道営馬としてメビウスの第二の馬生が幕を開けたように感じられたが、再び脚部不安との闘いとなり、残念ながらその後、一度も勝利することはなかった。

そして２０１５年６月、直前でレース出走を取り消して、そのまま引退。

９歳まで走り続けたが、かつての輝きを完全に取り戻すことはできなかった。

競走馬生活を終え、表舞台から消えたシルクメビウスだったが、実はこの物語には続きがある。

最良の相棒である田中博康騎手が乗馬として彼を引き取ったのだ。

騎手は何千頭ものサラブレッドにまたがる。

当然、騎乗した全ての馬に関わることなどできるはずもない。

しかし、田中騎手にとってシルクメビウスは特別な存在だった。

「まともならばＧⅠを勝てていたのに申し訳ないという気持ちがありました。種牡馬にはなれないと聞いたので、引きとりました」。

パートナーとして、ＧⅠを逃したことをずっと気にかけ、メビウスの行く先を案じていたのだ。

かつて競馬場を走り抜けた名コンビが、今度はレースを離れたところで、仲良くのんびりと歩く。

人との馬の交わりは競馬場だけではない。想いがある限り、どこまでも続いていく。

Episode

27

31年ぶりの歓声

福永洋一×福永祐一

その日、高知競馬場には1000人以上のお客さんが訪れた。

この年の最多観客数。

その多くは50代以上のオールドファン。

31年ぶりに公の場に姿を現す地元出身の英雄をひと目みようと、集まっていたのだ。

その英雄の名は福永洋一さん。

〝天才〟と呼ばれたトップジョッキーだった。

天才騎手といえば、多くの人々が武豊騎手を連想するが、洋一騎手も互角以上の記録と伝説を残している。

デビュー3年目で並みいる先輩騎手たちを押しのけ、リーディングジョッキーに。

そこから9年連続でその地位に君臨し続けた。

その間、現在のGIに相当する大レースを9つ勝ち、JRAの最多勝利記録も大幅更新。

デビュー10年にして、数々の記録を残し、競馬ファンの記憶に残るトップジョッキーとして、不動の人気を誇った。

しかし、騎手になって11年目の春、目の前で起きた落馬に巻きこまれ、馬場に叩きつけられた。

一命はとりとめたが、再び馬に乗ることは叶わなかった。

30歳という若さで天才はターフから去り、人知れず闘病生活を送っていた。

そんな洋一さんを再び競馬場に導いたのは息子の福永祐一騎手だった。

父が事故にあった当時2歳だった彼は16歳になると、落馬事故の恐ろしさを知る家族の反対を押し切り、あえて同じ道を選んだ。

騎手になってからは着実に実績を重ね、ついには父の代名詞ともいうべき、リーディングジョッキーの座も射止めた。

日本を代表する騎手のひとりとなった祐一騎手はある時、武豊騎手らとともに高知競馬場でのトークショーに招かれた。

その中で故郷の人々を前に、父・洋一について触れた。

「高知といえば、坂本龍馬と福永洋一だと思います。高知競馬場で福永洋一記念を創設できれば……」

この言葉を受け、高知競馬関係者はすぐに動いた。

翌年春、「第1回福永洋一記念」が開催されたのだ。

洋一さんはレース直後、息子・祐一騎手とともに表彰式に現れた。

「洋一、お帰り！」

「洋ちゃん、待っていたぞ！」

洋一さんを乗せた車椅子がスタンド前の表彰台に到着した。

その傍らには30年間以上、夫を支えてきた妻・裕美子《ゆみこ》さんと、いまや一流騎手となった息子・祐一騎手。

天才が31年ぶりに競馬場のウィナーズサークルに戻ってきた。

勝利騎手の赤岡《あかおか》修次《しゅうじ》騎手もまた格別な想いで表彰台に立っていた。

レース前に洋一さんが中学の先輩だと知らされたのだ。

「今日は久々にプレッシャーを感じました。『このレースはなんとしても獲らないと』という思いでいっぱいだった」

高知のトップジョッキーにとってもまた、このレースは特別なものだった。

息子・祐一騎手も観客の温かさに心を打たれていた。

「父の名前を冠したレースを、父ともっとも縁の深い高知競馬でできたということが何よりも嬉しいです。父も久々に高知に来ることができて喜んでいますし、さっき表彰台に向かっているときに、たくさんの方々が拍手で迎えてくださったので、よかったな、と思いました」

次第に声が震え、涙があふれてくる。

「父が健康であり続ける限り、このレースがある限り、年に一度、来場したいと思いますので、これからもみなさん、高知競馬ともども、よろしくお願いいたします」

こう言い終えると、笑顔の父にマイクを向けた。

洋一さんは、それに応え、大きな声を発した。

何と言ったかは聞き取れなかった。

だが、その思いは確実にスタンドに伝わった。

洋一さんに向けて、温かい拍手がいつまでも場内を包み込んだ。

「父が引退して30年以上経つんですけど、たくさんの人が父を覚えてくれていて、拍手で迎えてくれたのが、すごく嬉しかったですね。僕自身、父を誇らしく思いました。僕は武豊さんの活躍に憧れて、この世界に入ったつもりでした。でも子供の頃から、父が活躍した頃の写真とかトロフィーとかがずっと家に飾ってあって。『俺の中のヒーローって、親父だったんだな』って、気づきました」

偉業はずっと聞かされていたが、それは物心がつく前のこと。

だが、知らず知らずのうちに影響を受けていたことを、父の故郷で気づかされた。

それは、父と同じ騎手という道を歩んだからこそ、迎えられた瞬間だった。

いまや、福永洋一記念は高知競馬場のもっとも重要なレースとなっている。

年を追うごとに様々なイベントが行われ、人気を集めている。

洋一さんと同じ釜の飯を食べた同期の元騎手たちが一堂に集まる同窓会や、武豊騎手によるカツオの藁焼き実演なども行われた。

また、福永祐一騎手自身が福永洋一記念に騎手として参戦するという年もあった。

もちろん洋一さんはその様子を終始、笑顔で見守っている。

そして、年を追うごとに、その表情は豊かになっているようにも見える。

人物の名前を冠したレースは日本中に存在する。

だが、ここまでファンに愛されているレースは他にはないだろう。

洋一さんの笑顔を一目見ようと、毎年、多くの人々が高知競馬場に集まる。

日本一心温まるレース・福永洋一記念、親子がひとつになる瞬間を見にぜひ訪れてほしい。

Episode

28

引退馬の聖母たち

ナイスネイチャ×沼田恭子

1年の競馬の総決算・GI有馬記念で3年連続3着。

その他のレースでも2着や3着が多いことから〝ブロンズコレクター〟と呼ばれた迷馬ナイスネイチャ。

一生懸命に走るその姿に多くのファンが感銘を受け、勝ちきれないもどかしさを嘆きつつも、こよなく愛した。

彼の登場以来、惜しい走りをする馬は「ナイスナイチャみたいな馬だね！」と評されるほど高い認知度を誇る。

引退後、いったんは種牡馬入りしたが、そこは即座に結果を求められる世界。

残念ながら、子孫を繁栄させるまでには至らなかった。

普通ならば、種牡馬生活を終えた馬はよくて乗馬……という厳しい世界。

ところが彼は今なお生まれ故郷で悠々自適の日々を過ごしている。

実は〝養老牧場〟と呼ばれる場所で隠居生活を満喫しているのだ。

多くの人々にとって、牧場といえばサラブレッドのいる生産牧場や乗馬クラブのような観光牧場をイメージするだろう。

そんな中、ここ数年注目を集めているのが、ナイスネイチャのような功労馬が暮らしている〝養老牧場〟と呼ばれる新しい形の牧場だ。

その敷地には現役の競走馬もいなければ、子供を産む繁殖牝馬もいない。

競走生活を終えた馬たちがただ静かに暮らす場所。

淘汰社会と呼ばれるサラブレッドの世界でなぜナイスネイチャは余生を楽しんでいられるのか？

それは馬に対する強い思いをもつ女性たちの行動がきっかけだった。

そのひとりが現在、ＮＰＯ法人引退馬協会の代表を務める沼田《ぬまた》恭子《きょうこ》さんだ。

競走馬は走ることで賞金を稼ぎ、種牡馬は種付け料を得、繁殖牝馬は仔馬をセリに上場して利益を得る。

そんな中、養老牧場にいる功労馬たちは生活費をどう得ているのか？

実は、競馬場を駆け巡っていた頃、その姿に魅了されたファンたちが、引退した彼らのために共同でお金を出し合っているのだ。

この引退馬をファンが共同で支えるシステムを考えたのが沼田さんだった。

家庭の事情で急きょ乗馬クラブの代表となった彼女は、馬たちの引退の現状を知り、一頭でも幸せになれる道を探った。

そこで思いついたのが、いわゆる〝一口馬主〟と呼ばれるシステムの引退馬への転用だった。

これは一頭の競走馬を共有ファンドという形で出資する制度。

大人数で所有するため、馬代金も月々の生活費もおこずかい程度で済み、自分が出資した馬が活躍すれば、それに応じた賞金が分配される。

少額で馬主気分を味わえることもあり、多くの競馬ファンがこのシステムを楽しんでいる。

沼田さんはこの形式に習い、引退馬への一口馬主システム導入を考えた。

だが、周りからかなり不安視されたという。

「将来性のない馬に誰がお金を出すの?と言われましたね」

親しい競馬ファンからも懸念する声が寄せられた。

加えて過去に前例のない試み。

懸念材料も多かったが、馬を救いたいという想いが勝った。

意外な追い風もあった。

インターネットが黎明期だったこともあり、ネットに詳しいスタッフが引退馬の里親制度を始めたいという主旨をアップしたところ、全国から賛同の声が数多く寄せられたのだ。

競馬ファンたちもまた、引退後の馬たちの行く末を憂い、機会があれば支えたいと感じていたのだ。

こうして、沼田さんを中心に、ファンが共有する形で引退馬を支える〝フォスターペアレント制度〟が始まる。

史上初の試みのため、当初はどの馬をどう引き受けるのかさえ探り探りだったが、ここでまた新たな風が吹いた。

同じように競走馬の未来を案じ、自家生産馬を引退馬として世話していた渡辺牧場の渡辺《わたなべ》はるみさんとネットを通じてつながったのだ。

馬の未来を憂う二人の〝引退馬の聖母〟が出逢ったことで一気に様々なことが具

体化した。

渡辺牧場は人気馬ナイスネイチャやその弟グラールストーンの生産牧場。

競馬ファンがこよなく愛した彼らが〝引退馬の顔〟となったことで、より多くのファンが出資に手をあげてくれた。

この成功から里親制度は引退馬を救うスタンダードな形として、全国的に広まった。

なかには好きな馬の引退を聞きつけ、自ら交渉して引き取り、牧場に預けるというコアなファンまで現れた。

サラブレッドの平均寿命が20歳程度といわれる中、ナイスネイチャは28歳の今も元気いっぱいに生まれ故郷で過ごしている。

ちなみに渡辺牧場も功労馬が増えてきたこともあり、現在は生産をやめ、養老牧場へと生まれ変わっている。

人間社会でさえ、まだ発展途上の老後問題だが、沼田さんや渡辺さんが先頭に立って取り組んだ結果、ひとつのジャンルとして確立しつつある。

ＪＲＡも関係団体を通じて、２００頭以上の重賞ウイナーに助成金を出している。

さらに今年に入って、ＪＲＡの現役調教師である角居勝彦師が新プロジェクトを発足するなど、引退馬を支えようとする人たちの輪は確実に広がっている。

「応援していた馬がいつまでも元気でいるということは、本当に楽しみなこと」

沼田さんが言うように、養老牧場を訪れ、かつてのスターに会いに来るファンは絶えることがない。

ナイスネイチャのいる渡辺牧場にも多くのファンがいまなお遊びに来るという。

かつて馬券を買ったあの馬の老後の生活をサポートできるとしたら……皆さんにもぜひ試してみてほしい。

聖母たちが切り開いた引退馬たちの安住の地はまだまだもろくはかない。

馬と人との幸せを巡る戦いはまだまだ続く。

あとがき

皆さま、手に取っていただき、ありがとうございます！　読み終わった方はこの先をじっくりと、読み終わってない方は気になるページをご一読ください。きっと人と馬がおりなす感動の世界に引き込まれるでしょう。

とにもかくにも競馬の魅力をより多くの人に知ってほしい。これが競馬マスコミの一員でもあり、馬主でもある自分に課せられた天命だと思っています。放送作家として、競馬番組では構成を担当し、ラジオでは競馬トーク番組の司会をし、競馬雑誌ではエッセイを書き……と思いつく限りのことをやってきました。馬主としても、仲のいい芸能人に名前を付けてもらったり、地方競馬のＧⅠをとったり、廃止が決まっている競馬場に愛馬を預け、最後のレースに勝ったり……とささやかながら話題を提供してきました。

その結果、今回「競馬のイイ話を多くの方々に伝えてみませんか？」というありがたいオファーをいただきました。それが50歳という節目の年であることにも因縁を感じます。

最初は私も一攫千金を目指して競馬を始めたごく普通の競馬好きでした。ところが知れば知るほど、馬とそれを取り巻く人々の夢とロマンに惹かれていきました。一頭の馬にこんな想いが込められているのか……この人間関係にはこんな事実が隠されていたのか……気がつくと馬と人がおりなす夢と希望の世界に魅了されていました。

ただ、そこに行きつくまでにはかなりの勉強と出資を伴うのも事実です。なので、今回のオファーに一も二もなく飛びつきました。放送作家としても、馬主としても一流とはいいがたい私ですが、どちらの気持ちもノウハウも持ち合わせている数少ないひとり。ならば、その立場とキャリアを活かして、ファンでなくとも楽しめる競馬の感動エピソードをまとめた本を作ろうじゃないか……と。

意気込みとは裏腹に当初は苦戦の連続でした。放送「作家」とはいえ、新企画を考えたり、ＴＶの台本やナレーションを書くのが本業。同じ文章を扱う仕事とはいえ、全くの異ジャンル。しかも、ファンに向けた名馬物語ではなく、誰にでもわかる競馬感動エピソード。いわば、短距離馬が天皇賞・春に出るようなもの。何度となく心が折れそうになりましたが、家族や編集者さん、さらにエピソードに登場する皆さまの叱咤激励でなんとかゴールすることができました。

初めて競馬場に誘ってくれた親友の深澤政幸《ふかざわまさゆき》さん。

競馬番組に誘ってくれたフジテレビの清原邦夫《きよはらくにお》さんと小須田和彦《おすだかずひこ》さん。

競馬を楽しくみせることを教えてくれた競馬評論家の井崎脩五郎《いさきしゅうごろう》さん。

競馬に関するエッセイを初めてオファーしてくれた戦友・月本裕《つきもとゆたか》さん。

馬主の世界に誘ってくれた畏友・成澤大輔《なりさわだいすけ》さんと薗部博之《そのべひろゆき》さん。

弱小馬主の私を常にサポートしてくれるオリオンファームの大谷正嗣《おおたにまさつぐ》さんと三浦《みうら》啓一《けいいち》さん、白井牧場の白井岳《しらいたけし》さん。

馬主のありかたを常に教えてくれる大先輩の小林祥晃《こばやしさちあき》さん。

ラジオ番組『村上卓史の馬イイ話』でＤＪという大役を任せてくれた放送作家仲間の金森直哉《かなもりなおや》さん。

今回、馬の感動エピソードを本として世に送り出すことを提案してくださったイースト・プレスの大田洋輔《おおたようすけ》さん。

そして、なによりも普通の大学生だった私を弟子にしてくれ、放送作家への道を開いてくれた師匠のテリー伊藤《いとう》さん。

その他にもお礼を言わなければいけない恩人は多々いるのですが、紙幅が尽きてしまいました。

最後に50歳になるまで、元気に生きる心と体を与えてくれた両親と、常に私を支えてきてくれた妻・久美子《くみこ》に「ありがとう！」と言わせてください。おかげでこんな素晴らしい本を世に出すことができました。多くの仲間と愛馬に囲まれて、本当に私は幸せ者です。そんな男が書いた「馬イイ話」でみなさんも是非ほっこりして下さい！　そして、この本を手に競馬場に行って下さい。

きっとあなただけの感動ストーリーがみつかるはず。

それでは、またお逢いしましょう！

村上卓史《むらかみたかふみ》

参考文献一覧

杉本清の競馬談義「ゲスト北島三郎さん」『優駿』２０１６年1月号、中央競馬ピーアールセンター
有吉正徳「菊花賞馬と盾男、必勝の組み合わせ」『優駿』２０１６年６月号、中央競馬ピーアールセンター
「ご報告・トウショウウシロッコの警視庁騎馬隊入隊をサポートしました」２０１３年２月６日、http://rha.or.jp/news/2013/02/post-47.html
上坂由香「うれしい！」２０１２年12月27日、http://ameblo.jp/deepimpact2002-3-25/entry-11435954193.html
村上卓史「アイアム福山グランプリホース」『Gallop』２０１４年７月20日号、産業経済新聞社
井上オークス「福山競馬場、最後の日」２０１３年３月27日、http://www.keiba.go.jp/furlong/2012/closeup/130327.html
市丸博司『サラブレッド怪物伝説』１９９４年、廣済堂文庫
小原伊佐美「常識を遥かに超えた名馬タマモクロス《１》」２０１５年８月９日、http://keibalab.jp/column/obara/1/
杉本清の競馬談義「ゲスト後藤浩輝騎手」『優駿』２０１３年12月号、中央競馬ピーアールセンター
後藤浩輝Facebookページ、https://www.facebook.com/510gotty/
谷川善久「ヴィンテージ世代のシンデレラ」『優駿』２００９年５月号、中央競馬ピーアールセンター
阿部珠樹「靴を忘れたシンデレラ」『週刊１００名馬 Ｖｏｌ．10 イソノルーブル』２００１年、産業経済新聞社
軍土門隼人「クローズアップ　ヴィクトワールピサ」『優駿』２０１１年５月号、中央競馬ピーアールセンター
平松さとし「優勝ジョッキー・密着取材」『優駿』２０１１年５月号、中央競馬ピーアールセンター
島田明宏「世界制覇を引き寄せた幾多の挑戦」『優駿』２０１１年５月号、中央競馬ピーアールセンター

芦谷有香「優勝オーナー・インタビュー」『優駿』２０１１年５月号、中央競馬ピーアールセンター
合田直弘「日本馬のチャレンジ　頂に至るまでの16年」『優駿』２０１１年５月号、中央競馬ピーアールセンター
軍土門隼人「自分の居場所を探す旅」『優駿』２０１５年４月号、中央競馬ピーアールセンター
軍土門隼人「人々を勇気づけた被災馬の強靭な精神力」『優駿』２０１４年１月号、中央競馬ピーアールセンター
「トーセンラー　震災を乗り越え愛された個性派」２０１４年12月21日、http://keibalab.jp/column/interview/1324/
広見直樹「名ジョッキー追想録　安藤勝己」『優駿』２０１３年３月号、中央競馬ピーアールセンター
安藤勝己Twitter、https://twitter.com/andokatsumi/status/451217988734029824
土屋真光「万全を期して迎えた〝風〟」『優駿』２０１５年７月号、中央競馬ピーアールセンター
土屋真光「年間無敗のマイル王となれた秘密」『優駿』２０１６年２月号、中央競馬ピーアールセンター
高知新聞「ハルウララ　陽気なため息　１０６連敗」２００４年３月23日朝刊
島田明宏「負け続けて愛されたアイドルホース、ハルウララに会いに行ってみた。」２０１４年７月26日、http://number.bunshun.jp/articles/-/821335
江面弘也「ウオッカの記録」『優駿』２０１５年６月号、中央競馬ピーアールセンター
河村清明「オーナーブリーダーの『底力』」『優駿』２０１５年６月号、中央競馬ピーアールセンター
島田明宏「静かなプロフェッショナル」『優駿』２００８年10月号、中央競馬ピーアールセンター
杉本清の競馬談義「ゲスト橋口弘次郎調教師」『優駿』２００８年11月号、中央競馬ピーアールセンター
「ブレイクランアウトがオリオンファームで種牡馬入り」２０１１年２月21日、http://uma-furusato.com/news/detail/_id_58142

Carrot Club HP
テレビ東京「ウイニング競馬」２０１５年8月22日放送
安田美沙子Twitter、https://twitter.com/misako421/status/715179133014118400
川越ファームtwitter、https://twitter.com/kawagoefa/status/715150185937043456
「ノーザンホースパークに「Parazzo Vega　ポニー館」がオープン」
２０１３年12月10日、http://uma-furusato.com/news/detail/_id_74858
「ノーザンホースパーク」http://sapporo.100miles.jp/northern/
テレビ朝日『極上！旅のススメ』２０１６年７月３日放送
斎藤修「高岡秀行調教師　シンガポール７年の足跡」
２０１０年、http://www.keiba.go.jp/furlong/2009/closeup_data/100203.html
杉本清の競馬談義「ゲストDr.コパさん」『優駿』２０１４年４月号、中央競馬ピーアールセンター
東奈緒美・赤見千尋「おじゃ馬します！　ホースマンに聞きました　Dr.コパさん（1）
『1億円の馬を競り落としたような満足感』」
２０１３年10月７日、http://news.netkeiba.com/?pid=column_view&cid=24481
村上英明「【競馬】苦労人・森泰斗がダービーV機」
２０１６年６月７日、http://www.daily.co.jp/opinion-d/2016/06/07/0009159261.shtml
「南関東の森泰斗騎手ロングインタビュー　（上）」２０１２年３月10日、http://keibalab.jp/column/interview/500/
河村清明「トウカウテイオーと奇跡」『優駿』２０１５年10月号、中央競馬ピーアールセンター
石田敏徳「縁を活かした小さな牧場」『優駿』２０１５年10月号、中央競馬ピーアールセンター
阿部珠樹「激走は時空を越えて」『週刊１００名馬Ｖｏｌ．23トウカイテイオー』２００１年、産業経済新聞社

市丸博司『サラブレッド怪物伝説・平成版』１９９７年、廣済堂文庫
「コスモバルクを訪ねて〜ビッグレッドファーム」
２０１４年７月14日、http://uma-furusato.com/column/detail/_id_56128
ＣＳフジ『酔いどれない競馬』２００４年３月30日放送
辻谷秋人「夢から現実への17回」『優駿』２０００年６月号、中央競馬ピーアールセンター
「あの馬は今Ｖｏｌ．53〜日本ダービー・アグネスフライト」
２００９年６月６日、http://uma-furusato.com/column/detail/_id_33570
谷川善久「最後の異端」郷原洋行「郷に入っては剛に従え」松山康久「宿命の場所」
『週刊１００名馬Ｖｏｌ．20 ウィナーズサークル』２００１年、産業経済新聞社
河村清明「一つでも上を目指して」『優駿』２０１３年９月号、中央競馬ピーアールセンター
「苦労人・柴田大知、デビュー18年目の初Ｇ１に「夢のよう」」２０１３年５月６日、http://keibalab.jp/topics/17610/
杉本清の競馬談義「ゲスト大和屋暁さん」『優駿』２０１５年２月号、中央競馬ピーアールセンター
大和屋暁『ジャスタウェイな本』２０１５年、競馬ベスト新書
「【田中康博騎手】シルクメビウスとのコンビでＪＣＤ制覇へ！」
２０１０年11月26日、http://keibalab.jp/column/interview/267/
井上オークス「南国土佐の特別な夜　〜第１回福永洋一記念〜」
２０１０年５月14日、http://www.keiba.go.jp/furlong/2010/closeup_data/100514.html
佐々木祥恵「【特別企画】日本中に馬のいる風景を―引退馬協会の取り組み／引退馬の現状と未来（１）」
２０１４年９月９日、http://news.netkeiba.com/?pid=column_view&cid=27684
「渡辺牧場」http://www13.plala.or.jp/intaiba-yotaku/

村上卓史(むらかみ・たかふみ)

1966年生まれ。作家・放送作家。スポーツ番組やバラエティ番組を得意とし、フジテレビ「みんなのKEIBA」「ジャンクSPORTS」、TBS「学校へ行こう!」「炎の体育会TV」などを担当。JRAや地方競馬、シンガポール競馬で馬主としても活動をしている。2014年に第10回ギャロップエッセー大賞特別賞受賞。日本放送作家協会理事。東京馬主協会会員。

感動競馬場《かんどうけいばじょう》
本当《ほんとう》にあった馬《うま》いい話《はなし》

発行日　2016年11月10日　初版第1刷

著者　村上卓史《むらかみたかふみ》

装丁　アルビレオ
カバーイラスト　タムラフキコ

DTP　小林寛子
編集　大田洋輔
発行人　北畠夏影

発行所　株式会社イースト・プレス
〒101-0051
東京都千代田区神田神保町2-4-7　久月神田ビル
電話 03-5213-4700　ファックス 03-5213-4701
http://www.eastpress.co.jp

印刷所　中央精版印刷株式会社

ISBN978-4-7816-1490-8 C0095